지난 오천 년 간난신고의 역사를 지켜온 이 땅의 선조들께,
가까이는 일제의 식민지배 속에서 우리 문화를 수호하고
나라를 되찾는 데 함께한 우리의 할아버지, 할머니들께,
분단된 땅에 살면서 세계에 자랑할 만한 나라를 만들어가고 있는
동시대 우리의 모든 이웃께, 이 책을 바칩니다.

왜 일본은 한국을 침략할까
반한反韓 종족주의 2000년

2020년 10월 1일 초판 1쇄 찍음
2020년 10월 5일 초판 1쇄 펴냄

지은이   이상
펴낸이   이상
펴낸곳   가갸날
주소   경기도 고양시 일산동구 강선로 49, 402호
전화   070.8806.4062
팩스   0303.3443.4062
이메일   gagyapub@naver.com
블로그   blog.naver.com/gagyapub
페이지   www.facebook.com/gagyapub
디자인   강소이

ISBN   979-11-87949-49-7(03910)

이 도서의 국립중앙도서관 출판시도서목록(CIP)은 서지정보유통지원시스템 홈페이지
(http://www.nl.go.kr/cip.php)와 국가자료공동목록시스템(http://www.nl.go.kr/kolisnet)에서
이용하실 수 있습니다.(CIP제어번호: CIP2020037426)

왜 일본은 한국을 침략할까

반한反韓 종족주의 2000년

가갸날

책을 펴내며

한일관계는 언제나 뜨거운 감자다. 자칫하면 손이 데고 짓무르기 일쑤다. 2019년 하반기 내내 한국과 일본은 한판 경제전쟁을 벌였다. 그 여진은 아직 사그라지지 않았다.

일본의 유력지 《슈칸분슌》은 2013년에 이미 '아베 총리의 측근들이 정한론征韓論까지 제기하고 있다'는 기사를 내보냈다. 지난해의 반도체 핵심소재 수출제한 조치는 일본이 오랫동안 치밀하게 준비해 '한국의 급소'를 찌른 정한론의 일환이었던 셈이다.

정한론이 무엇인가? 한반도를 정복하겠다는 일본제국주의의 영토확장 야욕을 담은 말 아닌가? 우리는 그 희생양이 되었고, 일제의 잔혹한 식민지배 아래 신음해야 하였다. 겨우 아물어가는 그 생채기를 헤집는 이면에는 우리와 너무도 상반된 역사인식이 뿌리를 틀고 있다. 일본 정부를 비롯한 일본의 역사수정주의자들은 전범국가임을 부정하며 오히려 일본이 전쟁 피해국이라는 코스프레에 열중이다.

전범국가로서의 책임을 회피하는 일본의 태도 속에는 식민주의 본성이 자리하고 있다. 다카하시 데쓰야 도쿄 대학 교수는 서경식 도쿄 경제대 교수와 함께 쓴 책(《책임에 대하여》, 한승동 옮김, 돌베개)에서 평범한 일본 사람에게도 역사적 책임에서 도망가려는 '무의식적 식민주의'가 자리하고 있다고 일갈한다. 과거에 조상들이 저지른 전쟁범죄가 자신의 잘못은 아니라며 책임을 회피하는 태도는 지배자의 위치에서 기득권을 유지하기 위한 '권력적 침묵'일 뿐이며, 진실을 알게 되었다면 그에 '응답할 책임'이 있다는 것이다.

일본제국주의에 면죄부를 주려는 것은 다만 일본뿐일까? 한국인의 반일감정을 '종족주의'라고 비하하는 연구자들이 갈채를 받는 세상이다. 그들의 논지에 따르면 일본의 식민지배는 우리에게 축복이었던 셈이다. '식민지 근대화가 아니면 무슨 근대화'냐고 정색하며 물으니. 조선인 노무자 강제징용설은 허구이고, 일본군 위안부는 자발적 매춘부였다는 주장도 서슴지 않는다. 이영훈은 한국인은 거짓말을 밥 먹듯 하는 '샤머니즘 집단'에 지나지 않고, 종족을 결속하는 거짓말 토템 위에서 이웃 일본을 '악의 종족'으로 감각한다고 주장한다. 그가 인용한 범죄 통계부터 심각한 오류라는 지적이 제기되거니와, 뿐만 아니라 민족성이 고정된 범주가 아니라는 것은 학자라면 누구도 부인하지 못할 것이다.

민족주의는 근대 국민국가의 형성과 더불어 등장한 담론이다. 한스 콘의 구분법에 따르면 한국 민족주의는 '종족적 동구형'에 가깝고, 일본제국주의에 대한 대응 속에서 그 개념이 형성되었다고 할 수 있다. 우리 사회의 민족주의가 혈통, 언어, 관습을 강조하는 종족적 민족주의의 특징을 띠고, 일본제국주의 식민유제의 청산을 역사적 과제로 하는 것은 자연스러운 일이다.

이영훈은 우리 민족의 민족성에 '거짓말 문화'라는 주홍글씨를 새겨 넣었다. 마치 우생학적으로 우리가 열등한 민족이라거나 '조선인의 혈액 속에는 특이한 거무스름한 피가 섞여 있다'(細井肇,《朋黨士禍の檢討》)며 우리의 민족성을 왜곡하고 식민지배를 정당화하던 일제 식민주의자들의 발언을 연상시킨다.

하지만 번지수가 틀렸다. 제대로 된 종족주의 비판의 화살은 식민 가해자인 일본을 향해야 한다. 그들이 여전히 식민주의 망상에서 헤매고 있고, 그 근저에 우리와 비교조차 되지 않는 질긴 종족주의 역사인식이 도사리고 있기 때문이다.

"2천 년 동안이나 한 민족이 같은 언어를 사용하며 단일왕조를 지켜 오는 나라는 세계 속에 일본밖에 없다."

올 초에 아소 다로 일본 부총리가 한 말이다. 자국의 역사를 미화하는 정치인 특유의 수사라고 가볍게 넘겨도 좋을까? 일본 내에서도 잘못된 역사인식에 대한 질타가 쏟아졌다. 일본 열도에는 아이누 족이라는 선주민이 거주하였고, 대륙에서 건너간 이주민과 류큐를 거쳐 올라온 다양한 남방계 혈통이 섞여 일본 민족이 형성되었기 때문이다. 오키나와와 홋카이도는 150여 년 전에야 일본 땅에 편입되었다.

'2천 년 단일왕조'를 강조하는 맥락 속에는 만세일계萬世一系의 천황제를 신성시하던 황국사관의 그림자가 아른거린다. 일본 정치사

한일병합과 조선총독부의 통치를 기념해 1910년에 발행한 기념엽서. 원 안의
인물은 고대에 신라를 정벌했다는 가공의 인물 진구 황후이고, 배경이 되어 있는
가시이구香椎宮는 후쿠오카 시내에 자리한 신사로 진구 황후가 주신이다. 진구 황후는
임진전쟁 때도, 메이지 초기 정한론 논쟁 때도, 한일병합 때도 틈만 나면 일본의
한국침략을 위한 상징으로 소환되었다.

회학자 구리하라 아키라는 2차대전 이후에 천황이 비록 신성함을
잃었지만, 그럼에도 불구하고 1980년대를 지나면서 천황제가 새로
운 국체로서 오히려 강화되었다고 주장한다.

우리는 일본을 얼마나 깊이 알고 있는가? 툭하면 터져 나오는 일
본의 도발에 감정적 대응으로 일관해서는 극일은 불가능하다. 일본
의 목표가 군국주의로의 회귀임은 분명하다. 그리고 그 기저에는
일본은 신국神國이고, 다른 민족에 비해 우수한 민족이라는 배타적
민족주의가 자리하고 있다. 우리 민족을 도탄에 빠뜨렸던 일본제국

주의 식민지배의 논리는 어느 날 하늘에서 뚝 떨어진 게 아니다. 그 근원을 찾으려면 1,300년을 소급해 올라가야 한다.

우리로 치면 통일신라 초기 어름에서 우리는 한 권의 역사책을 마주하게 된다. 《일본서기》라는 책이다. 《일본서기》는 단순한 역사책이 아니다. 그것은 일본인들에게 왜곡된 세계관을 심어준 이데올로기의 뿌리다. 일본이 고대에 한반도 남부를 지배했다는 터무니없는 주장은 이 책에서 비롯되었다. 그것이 정한론이며 한반도 강점의 논거로 발전했음은 물론이다. 학계의 정설에서는 밀려났다 해도 아직 비슷한 맥락의 내용이 일본의 여러 역사 교과서에 버젓이 실려 있다.

한국과 일본은 일종의 역사전쟁을 벌이고 있는 셈이다. 그것도 물경 1,300년에 걸친. 개작과 왜곡으로 점철된 것이라 할지라도 가공의 이야기들이 금과옥조로 받아들여지는 순간 도요토미 히데요시의 조선 침략도 강압적인 한일병합도 모두 정당화된다. 한일병합 시기를 전후해 일본에서도 한국에서도 가장 빈번히 소환된 인물이 임신한 몸으로 신라를 정벌했다는 황당무계한 전설의 주인공 진구 황후라는 사실을 한 번쯤 의미있게 상기할 필요가 있다.

한국과 일본 사이의 난제를 풀기 위해서는 두 나라 사이의 2천 년 역사에 대한 깊은 성찰이 필요하다. 두 나라 사이에는 물론 평화로운 시기가 더 길었다. 하지만 철천지원수가 되어 싸운 일도 다른 어느 민족보다 많았다. 900여 회가 넘는 외침 가운데 700회 이상이 일본에 의한 것이었으니 더 말해 무엇하랴. 일본의 침입을 한 가지 논리로 설명할 수는 없다. 왜구의 침범 이유와 임진전쟁의 발발 이유가 다르고, 일본제국주의 팽창 과정에서 자행된 대한제국의 강제 병탄 역시 다른 맥락에서 살펴야 한다. 하지만 그 밑바탕을 관통하는 것은 《일본서기》가 가공해낸 날조된 역사인식이고, 그 출발점은 한반도에 대한 콤플렉스였다. 이영훈 등이 갖다붙인 반일종족주의론이 터무니없다고 여기면서도, 역사시대가 시작된 이래, 또는 적어도 《일본서기》 편찬 이래 다소의 변화는 있었을지언정 일본이 일관되게 보여준 행태야말로 다름아닌 '반한종족주의'였고, 그것이 한반도에 대한 집요한 침공의 논거였다는 것이 이 책의 입장이다.

이 같은 시각 위에서 이 책은 지난 2천 년 동안 일본의 한반도 침략사를 통시적으로 서술하고 있다. 한국과 일본은 서로 가장 가까운 나라의 하나다. 두 나라 사이의 미래지향적 관계를 수립하기 위해서는 어떻게 해야 할까? 우리는 우리대로, 일본은 일본대로 자신의 과거를 돌아보는 데 이 책이 일조할 수 있기를 바라는 마음 간절하다. 국제관계에서 평화보다 더 좋은 선물은 없다.

2020년 9월

차례

침략 이데올로기의 오랜 뿌리:
1,300년의 역사전쟁

역사 왜곡은 오늘도 계속되고 있다

　한국과 일본은 1,300년에 걸친 역사전쟁을 치르고 있는 중이다. 우리는 한반도에서 건너간 이주민과 조선시대에 이르기까지 우리가 일본에 전해준 선진문화에 의해 일본의 역사 발전이 이루어졌다고 알고 있다. 그것은 움직일 수 없는 역사적 사실이다. 반면 일본은 고대에 자신들이 한반도 남부를 지배했다고 주장한다.

　기원 3세기경, 조선반도 남부에는 한민족이 그 당시의 일본과 같은 소국가군小國家群을 만들어 마한馬韓, 진한辰韓, 변한弁韓의 세 나라로 나뉘어 있었는데, 일본의 통일과 전후하여 4세기의 전반경에는 마한, 진한은 각각 백제, 신라라는 두 한민족의 국가에 통일되었다. 4세기로 접어들면서 야마토 정권大和政權의 세력은 조선반도에 진출하여, 소국가군

양직공도   +++

양梁나라(502-557년)는 중국 남북조시대의 남조 나라 가운데 하나이다. 양 무제武帝의 즉위 40년을 기념해 방문한 각국 사절의 모습을 그린 사신도 〈양직공도〉梁職貢圖가 남아 전한다. 나중에 양나라의 황제가 되는 원제元帝 소역蕭繹이 그렸다. 남경박물원 소장본에는 우리나라 삼국 가운데 백제 사신만 들어 있으나, 타이페이 고궁박물원 소장본에는 고구려, 백제, 신라 사신이 모두 그려져 있다. 남경박물원 백제 사신에 관한 기록 속에는 백제의 중국 요서지방 진출설 등 중요한 내용이 수록되어 있다.

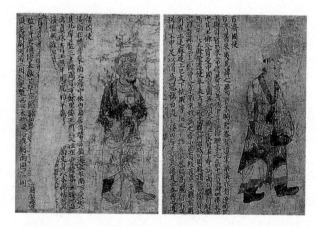

〈양직공도〉 속의 백제 사신(오른쪽)과 왜국 사신(왼쪽).

의 상태에 머물고 있던 변한을 영토로 삼아 이곳에 임나任那일본부를 두었다. 그리고 391년에는 다시 군대를 보내어 백제, 신라마저 복속시켰다. 조선반도 남부에 지배력을 확보한 야마토 정권은 조선의 부富와 문화文化를 흡수하여 그 군사력과 경제력을 강화하였는데, 국내 통일은 이로 말미암아 현저하게 촉진되었다.

　　三省堂,《新日本史》, 1973(이진희,《한국과 일본문화》)

　이런 얼토당토 않은 내용을 일본은 1970년대 중반까지 거의 모든 학교에서 가르쳤다. 그들이 한반도 남부를 지배했다고 주장하는 4세기에서 5세기에 걸친 시기는 일본에 통일된 고대국가가 채 출현하기도 전이다. 야마토 왕조가 일본열도의 실질적인 지배자가 되는 것은 6세기 들어서의 일이다.

　6세기 초 중국 양梁나라를 방문한 각국 사신을 그린 〈양직공도〉梁職貢圖라는 그림이 남아 전한다. 그림 속 왜국 사신의 옷차림은 초라하기 그지없고 신발도 신지 않은 맨발이다. 같은 그림 속의 백제 사신과 비교하면 복식의 격에서 천양지차다. 당시 왜국은 양나라에 사신을 보내지 않았기 때문에, 그림 속 왜국 사신의 복식은 6세기 무렵 실제 일본인의 모습과는 거리가 있다. 그 무렵의 왜국은 100년이 넘도록 중국에 사신조차 보내지 못하던 시기다. 교류가 부족했기 때문이기도 하지만, 중국인들의 왜국에 대한 인식이 그 같은 상상도로 나타났다고 보아야 할 것이다.

　뿐만 아니라 당시 왜국의 조선술은 보잘것없었다. 그 무렵에 만들어진 무덤에서 출토된 흙으로 만든 배 모양의 하니와와 고분에 그려진 배는 범선이 아니고 노를 젓는 배였다. 그 같은 작은 배를 타고 대군이 수시로 바다를 건넌다는 것은 상상하기 어렵다. 일본인 학자들은 왜의 한반도 지배를 입증해줄 고고학적 흔적을 찾기 위해 가야지방을 샅샅이 뒤졌다. 하지만 어디에서도 그 실마리를 찾을 수 없었다.

임나일본부설任那日本府說은 이제 학계의 정설에서는 뒷전으로 밀려났다. 2010년에는 한일역사공동연구위원회가 야마토 정권이 한반도 남부에 임나일본부를 설치해 지배했다는 주장은 근거가 없다며, 일본 교과서에서 임나일본부설을 폐기하는 데 합의하였다. 한일역사공동연구위원회는 2001년 일본의 후소샤 역사 교과서 왜곡 문제를 계기로 한국과 일본 두 나라 정부가 합의해 설치하였다. 이로써 이 문제는 깔끔히 정리되었을까? 슬프게도 그렇다고 할 수는 없다.

여전히 일본의 여러 역사 교과서에는 비슷한 맥락의 내용이 실려 있다. 이른바 '자학사관'을 극복한다며 '새로운 역사 교과서를 만드는 모임'이라는 우익단체에서 발행한 후소샤 교과서뿐이 아니다. 이쿠호샤에서 발행한 교과서는 '왜가 조선반도에 출병해 백제와 신라를 복속시켰다'고 기술하고 있으며, 지유샤 교과서는 '임나가 멸망하자 신라는 일본이 개입하지 않도록 일본에 임나의 산물을 보내 우호적인 자세를 취하였다'고 에둘러 표현하였다. 역사 왜곡은 고대부터 현대에 이르기까지 광범한 영역에 걸쳐 이루어지고 있다. 후소샤 교과서에는 무려 7쪽에 걸쳐 일본의 고대 신화가 실려 있다. 태양신의 후손이라는 천황의 신격화와 천황을 정점으로 한 국

임나일본부설 +++

일본의 야마토 정권이 4세기 후반부터 6세기 중엽까지 가야任那 지방에 일본부日本府라는 기관을 설치해 한반도 남부를 지배하였다는 일본 학계의 주장이다. 야마토 왜의 '남선경영설'南鮮經營說이라고도 불린다. 에도 시대 일본 국학자들의 주장에서 촉발되어 메이지 시대에 일본 사학계의 정설로 받아들여졌으며, 스에마쓰 야스카즈에 의해 학문적 체계를 갖추었다. 임나일본부설任那日本府說은 일본제국주의의 한반도 식민 지배를 정당화하는 논리로 이용되었다. 북한 역사학자 김석형의 반론을 비롯한 많은 학문적 비판이 제기되어 지금은 학설로서의 생명이 다한 상태다.

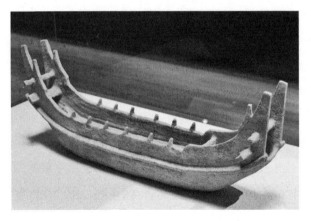

미야자키 현 사이토바루 고분군에서 출토된 배 모양의 하니와.

가의식을 고취하기 위해서다. 이런 서술체계 속에서 신화는 역사와 동일시된다.

왜곡된 역사인식을 증폭시킨 진구 황후의 삼한정복설

임나일본부설의 유력한 근거로 거론되는 것은《일본서기》진구 황후神功皇后조의 기사다. 일본제국주의 식민지배 논리의 뿌리는 1, 2백 년 전에 시작된 게 아니다. 자신들의 입맛에 맞게 짜깁기한 1,300년 전의 역사책 한 권이 비수가 되어 우리 민족의 삶에 깊은 자상刺傷을 남겼다고 한다면 지나친 억측일까?

《일본서기》에는 '진구 황후의 삼한 정벌'이라는 황당무계한 전설이 실려 있다. 오진 천황의 어머니인 진구 황후가 신라를 공격하자, 그 위력에 놀란 신라 왕이 백기를 들어 항복함으로써 신라는 일본의 조공국이 되고, 이어서 백제와 고구려마저 복속시켰다는 내용이다.

진구 황후는 차츰 일본인들이 의지하는 신앙의 대상이 되었다. 그 기원은 진구 황후의 전설 속에 들어 있는 신국神國사상이다. 일본이 신의 가호를 받는 신국이라는 의식은 몽골의 일본 침입이라는 국난을 당해 변형된 형태로 재생산되며, 진구 황후의 전설을 동반한 하치만八幡 신앙으로 발전하였다. 임진전쟁 때도 일본군들은 진구 황후에 기대 조선 침략의 성공을 기원하였다. 에도 시기 후기에 국학자들이 일본의 고전을 금과옥조로 받들면서 진구 황후의 전승은 메이지 초기의 정한론으로 발전하고, 마침내 경술국치를 통해 우리 민족의 가슴에 대못을 박고 말았다. 신화의 세계와 전설을 역사 사실로 받아들이는 논리 속에서 도요토미 히데요시의 조선 침략도, 한일병합도 정당화되었다.

1888년에 출판된 일본 최초의 통사 《국사안》國史眼에는 진구 황후 전설이 4쪽에 걸쳐 수록되어 있다. 이 책은 도쿄 제국대학 국사학과 교과서로 사용되었다. 그 후 일본의 모든 학교 역사 교과서에 진구 황후의 이야기가 수록되었음은 물론이다. 이 이야기는 삼한이 일본의 속국이었다는 근거로 교육되고, 일본인들의 머릿속에 왜곡된 역사관을 증폭시켰다.

와세다 대학교 쓰다 소키치 교수는 이 이야기가 천황 지배의 정당성을 주장하기 위해 후세에 조작되었다는 것을 폭로하였다. 일본 정부는 황실의 존엄을 모독했다며 쓰다 교수를 금고형에 처하고, 그의 저서를 판매 금지시켰다. 그럼에도 불구하고 이케우치 히로시, 나오키 고지로 등의 학자들이 잇따라 진구 황후가 가공된 인물임을 논증함으로써, 더 이상 학문적으로는 설 자리를 잃었다.

1,300년 역사전쟁을 촉발한 가공의 역사서

그렇다면 어째서 이런 가공의 이야기가 만들어졌을까? 와세다 대학교 미즈노 유 교수는 일본이 7세기에 백촌강(백강)에서 나당 연합군에게 패한 것을 원인으로 꼽는다. 현실의 실패를 먼 과거의

하치만 신앙   +++

　제사 지내는 신을 기준으로 분류하면 일본 전국의 신사 가운데 하치만八幡 계열의 신사가 가장 많다고 한다. 하치만 신사의 총본산인 우사宇佐 신사를 비롯한 많은 곳의 제신은 오진應神 천황과 진구 황후, 히메노카미比売神의 하치만 삼신八幡三神이다. 진구 황후가 이른바 신라를 치러 나섰을 때 뱃속의 아이가 오진 천황이며, 히메노카미는 진구 황후의 전쟁을 도운 집단이 섬기던 신이었다. 제신祭神이 모두 진구 황후와 관련이 있다.

　일찍이 신도와 불교의 습합習合이 이루어져 우사 하치만은 하치만 대보살이라는 이름을 얻었다. 가마쿠라 막부와 무로마치 막부에서 모두 하치만 신을 섬기면서, 하치만 신은 군신軍神의 지위를 획득하였다. 고려시대부터 우리 변경을 노략질한 왜구 집단이 하치만 대보살 깃발을 달고 다닌 것은 그같은 이유 때문이다.

　하치만 신이나 하치만 대보살을 모신 신사와 절의 유래를 기록한 연기緣起 속에는 대부분 진구 황후의 전설이 들어 있다. 하치만 신앙의 확대와 함께 진구 황후의 '신라 정벌 전설'은 민간 속으로 널리 퍼졌으며, 그 영향력은 지금도 작지 않다. 후쿠오카 시에 자리한 가시이구香椎宮라는 신사에는 진구 황후가 심었다고 하는 삼나무가 전해올 정도다. 가공의 이야기가 역사가 되고 신앙이 되어 왜곡된 역사인식을 증폭시키고 있다.

진구 황후상.

전함 셋쓰摂津에 장착되었던 12인치 함포. 1922년 가시이구 신사를
참배한 다이쇼 천왕비가 봉헌하였다. '한반도를 침략'했다고 하는 전승
속의 인물 진구 황후가 제신인 이곳에 하필 무기를 봉헌한 뜻은 무엇일까.

1878년에 발행된 일본 화폐 속의 진구 황후. 근대 들어 진구 황후는 대외팽창을 꿈꾸는 일본제국주의의 심벌로 부활하였다.

세계에 반영시켜, 진구 황후에 의한 삼한정벌이라는 상상 속의 이야기를 만들어냈다는 것이다. 여성을 주인공으로 한 이유는 백촌강에 군대를 보낸 천황이 사이메이 여제이기 때문이다.

백제 구원전쟁에서 패한 일본은 나당연합군이 쳐들어올까봐 두려움에 떨었다. 그리하여 침공이 예상되는 길목 요소요소에 부랴부랴 산성을 쌓기 시작하였다. 한편 왕위 계승을 두고 진신의 난壬申の亂이라는 내전이 벌어졌다. 보위에 오른 덴무 천황은 호족들의 세력을 억누르면서 강력한 중앙집권정책을 추구하였다. 이때 비로소 '일본'이라는 새로운 나라이름을 사용하고, '천황'이라는 호칭도 사용하기 시작하였다. 강력한 군주의 힘을 바탕으로 천황에 대한 '현인신'現人神 개념이 생겨난 것도 이 무렵이다.

덴무 천황은 한반도와 중국의 제도를 받아들여 율령제 국가의 기초를 다지는 한편, 천황 통치의 정당성을 확립하기 위해 역사 편찬에 착수하였다. 먼저 여러 갈래로 전승되어 온 황실의 선조 신들과 역대 천황의 계보를 정리하여, 만세일계萬世一系의 '황통'皇統을 조작하였다. 이렇게 하여 편찬된 《고사기》는 천황의 위신을 보이기 위한 것으로 본질적으로 신화에 가깝다.

《고사기》가 신화와 전설을 바탕으로 한 허구적인 내용이라서, 역사 사실을 덧붙여 보강한 것이 《일본서기》다. 《고사기》가 국내 사상의 통일을 목표로 하였다면, 《일본서기》는 천황 통치의 이론적 정신적 토대를 마련함은 물론 대외적으로 국위를 나타내는 데 비중을 두었다. 일본의 목표는 당나라를 모방한 소제국의 건설이었다. 그리하여 일본 나름의 중화사상이 가미되어 많은 역사적 사실에 대한 개작과 왜곡이 이루어졌다.

그들은 터무니없게도 한반도의 백제, 신라, 가야를 자신들의 '조

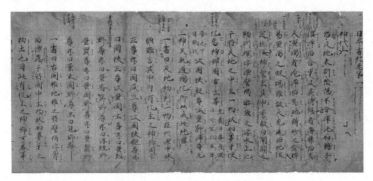

가마쿠라 막부 시대의 《일본서기》주석서(1286년 우라베 가네카타).
한국과 일본의 1,300년 역사전쟁의 뿌리는 《일본서기》다.

공 국가'로 기술하고 있다. 일본의 권세를 과시하기 위해서였다. 한 마디로 《일본서기》는 고도의 정치성을 띠고 있는 역사책이다. '진구 황후의 신라 정벌' 전설은 《고사기》에도 짧게 실려 있지만, 살 아 있는 신화로서 후대에 전승된 이야기의 골격을 제공하는 것은 《일본서기》다.

황국사관은 정말 폐기되었을까

태평양전쟁에서 일본이 패망한 다음 황국사관도 함께 폐기되었 다. 그 가운데 가장 먼저 배제된 것 가운데 하나가 진구 황후의 이 야기다. 그렇다고 역사전쟁의 종착역에 다다른 것은 아니다. 가공 된 이야기임에도 불구하고 진구 황후의 전설이 마치 역사적 실체인 양 아직도 많은 일본인들의 의식 속에 내재되어 있기 때문이다. 툭 하면 터져 나오는 일본 정치인들의 망언 또한 같은 맥락이다. 한 권 의 역사책이 촉발시킨 기나긴 역사전쟁의 어두운 그림자를 어떻게 걷어낼 것인가?

역사를 되돌아보면, 일본 민족의 한국에서의 귀환은 3차례 있었다.

고대 일본인은 임나를 거점으로 한국의 남부지역의 경영에 착수하여 한때는 북쪽의 고구려와 대치하여 군대를 38선 이북으로 출동시킨 일 이 있었지만, 그 후 신흥국가 신라의 민족통일 중에 백제도 멸망하고, 백 촌강(금강)에서 패배하여 덴지 천황은 663년에 한반도 포기를 결행했다.

이것이 첫 번째의 귀환이다.

중세시대에 일본 해적 왜구는 한반도에 침입하고, 더구나 동지나해에서 남양 방면을 침략했다. 이것을 이어받아 히데요시가 센코쿠 일본을 통일하고 그 여세를 몰아 한반도로 침입했지만 명나라의 원군과 한국인의 반항에 의해 퇴각한 것이 1598년의 일이다.

이것이 두 번째의 귀환이다.

대동아전쟁의 패배로 인한 이번의 귀환은 세 번째의 귀환이다.

한국 귀환의 기록은 일본의 한국 지배의 슬픈 종언사이다. …

과거 3차례에 걸친 허무한 진출과 퇴각의 역사를 되돌아보며, 지금부터 일본 민족의 의지를 어떻게 동아시아에 묘사시킬까라는 과제를 우리들은 귀환사에서 추측하지 않으면 안된다고 생각한다.

모리타 요시오 외,《한반도에서 쫓겨가는 일본인》상(엄호건 편역)

경성제국대학에서 조선사를 전공하고 조선총독부 관리를 지낸 모리타 요시오의 글이다. 패전후 모리타 요시오는 일본인의 시각으로 사회와 역사를 바라본 것을 반성하며 한국과의 친선을 위해 노력한 사람이다. 일본으로 돌아간 다음 내내 한국과 관계된 일에 종사하였으며, 대표적인 지한파 지식인으로 알려져 있다. 그는 특히 한일관계의 새로운 기점이 되는 태평양전쟁 종전기終戰期의 한반도에 관한 기록을 남겨 이름을 얻었다. 하지만 여기에 인용한 그의 역사관을 어떻게 해석해야 할까?

1950년대 초에 쓰인 이 글에서 그는 임나일본부설을 착실히 계승하고 있다. 또한 태평양전쟁의 패배로 일본의 한국 지배가 '슬픈 종언'을 고했다며 아쉬워할 뿐 아니라, 앞으로도 '일본 민족의 의지를 동아시아에 묘사'시켜야 한다는 묘한 뉘앙스의 발언을 이어가고 있다. 일본제국주의의 한반도 통치를 반성한다는 사람의 역사관이 이럴진대 다른 일본인들의 역사인식이 어떨지는 불을 보듯 훤하다. 국가 이데올로기에 의해 강제로 주입된 역사인식의 해악이 얼마나 무서운지 다시금 전율하게 된다.

참고문헌

김석형, 《고대한일관계사》, 한마당, 1988.

김현구, 《임나일본부설은 허구인가》, 창작과비평사, 2010.

이진희, 《한국과 일본문화》, 을유문화사, 1982.

야마다 히데오, 《일본서기입문》(이근우 옮김), 민족문화사, 1988.

오노 야스마로, 《고사기》(강용자 옮김), 지식을만드는지식, 2012.

모리타 요시오 외, 《한반도에서 쫓겨가는 일본인》 상(엄호건 편역), 케이제이아이출판국, 1995.

末松保和, 《任那興亡史》, 大八洲出版, 1949.

水野祐, 《大和王朝成立の秘密》, ベストセラーズ, 1992.

일본은 언제부터 한반도를 침략했을까

한반도를 침공한 왜의 실체는?

일본은 언제부터 한반도를 침략하기 시작했을까? 진구 황후의
전설은 꾸며낸 이야기이기 때문에 제외하더라도, 삼국시대부터
왜倭가 한반도에 침입하기 시작한 것은 분명하다. 《삼국사기》를 비
롯한 우리 사서에서 적잖이 그 기록을 발견할 수 있다.

일본측 사료는 의외로 빈약하다. 《일본서기》 진구 황후조에는
369년 야마토 정권이 신라를 파하고 가야7국을 평정한 다음 백제
를 서번西蕃으로 삼았다는 내용이 나온다. 한때 일본 학자들이 한
반도 남부경영의 기원으로 삼은 사건이다. 하지만 내용을 들여다보
면, 왜에서 동원한 군대의 흔적이 보이지 않을 뿐 아니라, 중심에 백
제 장수가 등장한다. 김현구 교수는 백제가 가야를 공격한 사건으
로 해석한다. 382년 야마토 정권이 외부침략을 받은 가야(고령)를

구원하는 내용도 마찬가지다. 이 전투는 앞의 사건과 같은 백제 장수 목라근자에 의해 수행되었다. 그 밖의 전투 기록은 562년 신라가 임나를 멸망시켰을 때, 임나를 구원하기 위해 왜군이 출동했다는 짧은 내용이 전부다.

우리측 사료 가운데 논란이 되는 것 가운데 하나는 광개토왕비문이다. 광개토왕비문에는 왜가 백제와 화통하여 지금의 황해도 지역인 대방 땅까지 올라왔으며, 고구려군이 왜를 추격하여 임나가야에 이르렀다는 내용이 등장한다. 여기 등장하는 왜의 성격과 비문의 해석을 둘러싸고 한국과 일본 역사학계 사이에 치열한 논쟁이 전개되었다. 적어도 5세기로 넘어가는 문턱에서 '왜'라는 집단이 고구려와 싸웠다는 것만큼은 움직일 수 없는 사실이다.

김현구 교수는 가야 지방에 모습을 나타내고 광개토왕비문에 등장하는 왜를 백제의 요청에 의해 바다를 건너온 왜의 용병으로 본다. 백제가 선진문물을 제공하고 그 대가로 야마토 정권으로부터 용병을 제공 받았다는 것이다. 이 같은 특수관계 때문인지 백제와 왜가 서로 싸웠다는 기록은 눈에 띄지 않는다.

왜군의 한반도 출병 가운데 가장 규모가 컸던 것은 백강白江(《삼국사기》와 중국 사서 《구당서》舊唐書에는 '백강구'白江口, 《일본서기》에는 '백촌강'白村江이라고 표기되어 있다. 정확한 위치가 어디인지는 '금강 입구'라는 주장을 비롯한 여러 설이 존재한다)전투였다. 663년 백제부흥군을 지원하기 위해 출병한 2만여 명의 왜군은 나당연합군과 싸워 대패하였다. 왜군은 수적으로 우세했음에도 불구하고 4차례의 싸움에서 모두 패하였으며, 선박 400여 척이 불탔다.

광개토왕비. 5세기 초에 고구려와 '왜'가 싸운 사실을 기록하고 있다.

미스테리한《삼국사기》속 왜의 신라 침공

삼국시대 왜군의 한반도 침입 가운데 아주 특이한 것은《삼국사기》신라본기의 기록이다. 신라본기에는 30여 차례에 걸친 왜의 침입 사실이 적혀 있다. 그것도 통일신라 성덕왕 때 한 번을 빼고는 전부 서기 500년 이전의 고대에 집중되어 있다.

왜는 박혁거세 때부터 침입하기 시작해 남해왕 때는 병선 100여 척으로 바닷가의 민가를 노략질하였다고 기록되어 있다. 수도 경주를 왜군이 포위하였다는 기사도 4번이나 등장한다. 이처럼 왜는 초기 신라의 수도를 위협하였고, 매우 두려운 존재였다. 경주 주민들은 왜병이 몰려온다는 소문만 돌아도 산골짜기로 도망가 숨었다고 한다. 수세적 방어에 급급하던 신라는 급기야 유례왕 때는 근본 처방을 위해 왜국을 치려는 계획까지 논의하게 된다.

그런데 신라본기에 등장하는 왜의 기사 가운데 다른 사서와 일치하는 기록은 단 3건뿐이다. 아달라왕 때 왜의 여왕 히미코가 사신을 보내왔다는 내용과 실성왕 때 왜국과 우호관계를 맺고 내물왕의 아들 미사흔을 볼모로 보냈다는 내용, 그리고 눌지왕 때의 박제상 이야기가 그것이다. 왜의 침입에 관한 기록은 다른 사서에는 보이지 않는다.

왜의 국가 형성단계에 비추어《삼국사기》에 기술된 왜 관련 기사가 지나치게 이른 시기의 사건인데다 다른 사서에는 등장하지 않기 때문에, 연구자들은 신라본기의 사료적 가치를 아주 회의적으로 생각하는 편이다. 그것은 일본 학자들도 마찬가지다. 그래서 기록의

해석을 둘러싸고 다양한 견해들이 존재한다.

신형식과 하타다 다카시는 신라를 습격한 왜인들이 계절풍을 타고 현해탄을 건너와 식량을 약탈하려 했던 해적 무리일 것으로 생각하였다. 이노우에 히데오는 왜를 야마토 조정과는 다른 존재인 한반도 남부 가야의 별칭으로 보았다. 연민수는 "5세기 이전 《삼국사기》에 보이는 왜가 전통적으로 한반도 혹은 중국과 관계를 맺고 있던 북규슈를 중심으로 한 왜"라고 주장하였다.

신라본기의 주요 왜 관련 기사는 《삼국사기》가 집필된 때로부터 1천여 년 전의 일이다. 따라서 통일신라 말기와 《삼국사기》의 집필자인 김부식이 살던 고려시대 초의 역사적 상황이 신라본기의 기술에 반영된 것은 아닌가 하는 시각도 있다. 신라본기의 대외기사를 이해하려면 김부식과 그가 살던 시대를 알아야 한다는 주장이다. 그런 점에서 당시 김부식의 왜에 대한 인식과 신라 왕족의 후손으로서 신라에 정통성을 부여한 김부식의 시각을 살필 필요가 있다. 기원전 50년 박혁거세 때 왜인들이 신라의 변경을 침범하려다가 "우리 시조가 거룩한 덕이 있다는 말을 듣고 그만 돌아갔다"는 표현이 대표적이다. 여기서의 왜는 신라 시조 박혁거세의 신성성을 강조하는 존재로 등장한다.

그럼에도 분명한 것은 왜가 수차례 신라에 침입해 위협적인 세력으로 인식되고, 그 같은 역사 경험이 신라인의 의식 속에 강하게 자리 잡았다는 것이다. 1세기 가까이 왜의 침입 기록이 없던 진평왕 대에 신라 동쪽 해안에 침입한 왜군을 노래를 지어 불러 물리쳤다는 전설은 이런 상황을 반영한 것으로 보인다. 융천사가 지은 〈혜성가)에서 혜성의 출현은 나라의 평화를 어지럽히는 변괴, 곧 왜군의 침입을 상징하는 것이었다. 문무왕의 해중릉과 만파식적 전설 또한 같은 맥락이다. 삼국을 통일한 문무왕은 동해의 용이 되어 바다로 침입하는 왜군를 막겠다는 유언을 남기고 바다 속에 묻혔다. 문무왕의 해중릉 앞에 감은사를 창건한 것도 왜군을 진압하기 위한 것이었다. 감은사를 준공한 신문왕은 바다의 용이 된 문무왕과 하늘의 신이 된 김유신의 도움으로 신비한 피리 만파식적을 만들어 외적을 물리치고 나라를 평안하게 하였다. 원성왕 때 일본 왕이 신라에 만파식적이 있다는 말을 듣고 침공 계획을 포기했다는 기록이 《삼국유사》에 전한다.

통일신라의 경쟁상대이자 위협세력이었던 일본

삼국통일 후 신라는 당나라와 전쟁을 치러야 하였다. 신라는 후방의 위협을 제거하기 위해 일본과의 관계를 돈독히 하려 노력하였다. 일본 역시 당과 관계가 좋지 않아 신라와의 교류에 적극적이었다. 성덕왕이 즉위한 해(703년)에는 204명의 일본 사신이 방문할 정도였다.

하지만 일본이 율령국가체제를 정비하고 천황의 권위를 과시하기 위해 신라를 자신들의 번국藩國으로 간주하면서 관계가 다시 틀어지기 시작하였다. 당시 국력이 상승하고 있던 신라로서는 일본의 태도를 받아들일 수 없었다. 서로 상대국의 사신을 쫓아내는 외교분

신라 문무왕의 해중릉 대왕암. 문무왕은 동해의 용이 되어 왜군의 침입을 막겠다며 해중릉을 조성하였다고 한다.

쟁 속에서 성덕왕 후반에는 전쟁으로까지 확대되었다. 신라는 경주 동남쪽 경계에 모벌군성을 쌓아 일본의 침입에 대비하였다. 일본은 731년 병선 300척을 이끌고 신라의 동쪽 해안으로 쳐들어왔다.

일본의 침입을 물리쳤지만 일본은 신라에 큰 두통거리였다. 성덕왕의 뒤를 이은 효성왕은 742년에 세상을 떠나면서 유골을 동해에 뿌려달라고 유언하였다. 751년에 준공된 석굴암도 왜구의 침입을 진압하겠다는 염원이 반영된 것이었다. 석굴암이 자리한 토함산은 신라5악의 하나인 동악東岳으로 용龍의 신앙과 결부된 성지였다. 동해의 용이 되어 왜구의 침입을 막으려 한 문무왕의 해중릉이 토함산 밑에 있을 뿐 아니라, 토함산은 신라 건국 이래 동방의 위협을

규슈는 한반도, 아시아 대륙과 일본을 이어주는 창구였다. 하카타 만에 면한
다자이후大宰府는 행정과 외교뿐 아니라 군사적으로도 중요한 역할을 담당하였다.

막아주는 군사적 요새였다.

두 나라 사이의 대립은 신라 경덕왕과 일본의 실권자였던 후지와
라노 나카마로의 집권기에 절정에 달하였다. 일본은 신라가 자국
사신을 냉대했다는 구실로 대규모 신라 출병계획을 추진하였다. 출
병 소동은 대외문제에 관심을 돌리게 함으로써 정권장악을 확고히
하려 했던 후지와라노 나카마로의 정치적 야심과 맞물려 상당히
구체적으로 진행되었다. 규슈에 대규모 병참기지를 건설하고 3년에
걸쳐 전함 500척을 건조하는가 하면, 발해를 끌어들여 남북에서
신라를 협공하려 하였다. 신라는 군제개혁을 단행하고 군비를 확충

하며 일본의 침공에 대비하였다. 발해와의 동맹이 성사되지 못하고 후지와라노 나카마로가 실각함으로써 일본의 신라침공 계획은 수포로 돌아갔다.

《삼국사기》 초기 신라 기록 속의 왜는 매우 이질적인 위협요소이면서도 분명치 못한 점이 있지만, 통일신라기에 이르면 우리 민족이 경쟁하면서 극복해야 하는 분명한 역사적 실체로서 등장한다.

참고문헌

김부식, 《삼국사기》 상·하(이병도 옮김), 을유문화사, 1996.

김현구, 《임나일본부설은 허구인가》, 창작과비평사, 2010.

박천수, 《신라와 일본》, 진인진, 2016.

서영교, 《신라인 이야기》, 살림, 2009.

연민수, 〈5세기 이전 신라의 대왜관계〉, 《고대한일관계사》, 혜안, 1988.

이강래, 〈삼국사기의 왜 인식〉, 《한국사상사학》 22, 2004.

遠山美都男, 《白村江》, 講談社, 1997.

武光誠, 《古代史大逆転》, PHP, 2002.

600회가 넘는 왜구의 침략

우리 민족은 900회가 넘는 외적의 침입을 받았다. 누구라도 한반도의 북쪽 변경이 이민족 침입의 주무대였다고 생각할 것이다. 놀랍게도 그게 아니다. 숫자로만 본다면 절대다수의 침입은 일본이 저질렀다. 이른바 왜구倭寇라고 알려진 집단이 고려시대 후기와 조선시대 초기에 걸쳐 쳐들어온 것만도 648회나 된다.

8세기 후반의 통일신라시대부터 일본과의 외교관계는 두절되어 있었다. 그것은 고려시대에 들어서도 마찬가지였다. 그렇다고 민간 교류마저 끊긴 것은 아니었다. 두 나라 백성들의 사적인 교류는 신라시대부터 줄곧 이어졌다.

신라를 멸망시키고 등장한 고려는 대외무역을 장려하는 등 개방적인 정책을 추진하였다. 송나라, 여진 등에 비해 활발하지 않았지만, 일본과도 통교무역이 이루어졌다. 고려는 곡식, 인삼 등을 수출하고, 일본에서 유황과 수은 등을 수입하였다. 규슈 지방을 다스리

가마쿠라 막부와 무로마치 막부   +++

794년 교토京都가 일본의 수도가 된다. 이때부터를 헤이안 시대라고 부른다. 헤이안 시대 초기는 천황이 실질적인 통치자 노릇을 하던 일본 역사에서 아주 예외적인 시기다. 하지만 이내 외척인 후지와라 씨의 섭정이 시작되면서 후지와라 씨를 비롯한 귀족들이 권력을 독점하였다. 귀족정치의 득세 속에서 군사력을 담당하던 무사집단이 성장하여 귀족을 위협하는 세력으로 등장하는데, 헤이시平氏와 겐지源氏가 대표적이다. 서로 경쟁하던 두 집안의 싸움에서 겐지측의 미나모토노 요리토모源賴朝가 최후의 승자가 되었다. 승리한 요리토모는 가마쿠라에 막부를 설치하였는데, 1192년 정이대장군征夷大將軍에 오름으로써 최초의 무사정권인 가마쿠라 막부鎌倉幕府가 탄생하였다.

하지만 요리토모의 직계는 3대 만에 단절되고 쇼군 가의 외척인 호조 씨北条氏가 실권을 장악하였다. 지배력을 상실한 가마쿠라 막부는 1333년 역사의 뒤편으로 사라졌다. 이때부터 일본은 만세일계라고 내세우는 천황이 둘인 남북조시대 (1336~1392년)를 맞이하였다.

60여 년에 걸친 남북조 쟁란기는 무사집단의 지지를 받은 북조北朝의 사실상의 지배자 아시카가 씨가 남조를 통합함으로서 막을 내리게 된다. 아시카가 씨가 쇼군의 지위에 올라 통치하던 시기를 무로마치 막부室町幕府라고 부른다. 무로마치 막부는 1573년까지 존속하다가 센코쿠 시대의 패자인 오다 노부나가에 의해 축출되었다.

던 다자이후大宰府(7세기 후반 외교 및 군사 요충지인 북규슈에 설치된 행정기관으로 정치적 부침 속에서도 그 역할이 센코쿠戰國 시대 말까지 이어짐)는 해마다 한 차례 두 척의 진봉선進奉船을 고려에 파견해 무역을 통한 이익을 취하였다. 그 대신 다른 일본 배가 고려의 연해지방에 출몰하는 것을 금지하기로 약정하였다.

그런데 12세기 초부터 일본 궁정 내부의 권력다툼이 격화되고 헤이지의 난平治の亂 등이 발생하였다. 고려 역시 무신의 난 등으로 사회가 혼란스러워진데다 몽골의 침입을 받게 되어 13세기에 들면서 두 나라 사이의 교역관계는 단절되었다.

왜구, 하치만 대보살 깃발을 달고 고려 연안을 누비다

이 무렵 돌연 고려 바다에는 '하치만 대보살'八幡大菩薩 깃발을 단 정체불명의 선단이 출몰하기 시작하였다. 배 위에는 훈도시 한 장 걸치고 머리를 풀어헤친 괴기스런 모습의 무리가 저마다 창과 칼을 손에 든 채 눈을 부라리고 있었다. 이들은 왜구라고 불리는 자들이었다.

최초의 기록은 《고려사》에서 찾아볼 수 있다. 1223(고종 10)년 왜구가 김해 지방에 침입했다는 기록이다. 왜구는 이때부터 몇 해 사이에 경남 해안 지방을 연거푸 침입해 왔다. 일본측 기록에는 1225~26년에 걸쳐 수십 척의 일본 배가 '고려 수군의 본거지' 김해를 공격하였다는 기록이 등장한다. 또한 웅천 지방을 공격해 고려

돛을 내리며 육지에 상륙하고 있는 〈왜구도권〉 속의 왜구.

군과 싸웠다는 기록도 보인다.

이들 왜구의 주력은 규슈 마쓰우라松浦(마쓰라라고도 읽음)에 본거지를 둔 집단이었다. 이른바 마쓰라 당松浦党이라고 불리던 세력이다. 마쓰라 당은 사가현 가라쓰에서 나가사키 현 히라도에 걸치는 넓은 지역을 세력권으로 하는 거대한 집단이었다. 이들은 바다를 이용한 생업에 종사하였는데, 한편으로는 밀무역, 다른 한편으로는 바다를 건너 약탈 행위를 일삼는 해적 집단으로 맹위를 떨쳤다.

왜구의 성격과 등장원인에 대해서는 수많은 설이 존재해 무척 혼란스럽다. 왜구는 본질적으로 해적이고 활동범위가 국제적이라는 특징을 갖고 있다. 그런데 마쓰라 당과 쌍벽을 이루던 집단이 있었으니, 세토 내해에 거점을 갖고 있던 세토우치 해적이다. 마쓰라 당

왜구와 명나라 군대가 해상전투를 벌이고 있다.

과 세토우치 해적은 일본 해적의 두 기둥이라 할 수 있다. 마쓰라 당이 해외 약탈에 집중해 왜구의 중심을 이루었던 데 반해, 세토우치 해적은 일본 해상물류의 길목인 세토 내해를 장악하고 지나가는 배로부터 통행세를 징수하였다. 심지어 막부 산하의 수군한테서까지 통행세를 받아냈다.

국가 공인 해적에서 일본 수군의 뿌리로

상황이 이렇다 보니 이들을 단순 해적 집단으로 보기 어려운 측면이 있다. 바다를 세력권으로 둔 다이묘大名들의 '국가 공인 해적선'으로 보는 게 실체에 가깝다는 주장이다. 나중에 도요토미 히데요시 시대가 되면 해적들은 정규 수군에 편입되고, 조선을 침략하는 데 앞장선다. 임진전쟁 당시 일본 수군 대장이었던 구키 요시타카와 명량해전에서 숨진 구루시마 미치후사 등이 대표적이다.

1274년과 1281년 두 차례에 걸쳐 몽골은 일본을 침공하였다. 몽골의 요청에 의해 고려도 병선과 식량, 군대를 지원하였다. 몽골의 일본 침공은 실패로 끝났지만, 그로부터 14세기 중엽까지 80여 년 동안은 왜구의 활동이 보이지 않는다.

왜구가 다시 등장하는 것은 1350(충정왕 2)년의 일이다. 《고려사》는 고성, 죽림, 거제도에 왜구가 침범하였으며, 전투에서 적 300명을 사살하였다고 기록하고 있다. 이때부터 1392년 고려가 멸망하기까지 왜구가 침입하지 않은 해가 없었다. 침략하는 무리의 규모가 커지고, 범위도 남해안을 벗어나 전국으로 확대되었다.

점차 대범해진 왜구들은 고려 수도인 개경의 코앞까지 예사로 진출하였다. 개경 입구인 교동도와 예성강 어귀까지 몰려오는 왜구 때문에 내륙의 충주로 수도를 옮기자는 의론이 일었다. 왜구 선단의 규모가 200~500척에 이르는 경우도 있었다. 《고려사》에는 진해현에서 왜적 3천여 명을 대파하였다는 기록과 기병 700명과 보병 2천 명이 쳐들어왔다는 기사도 보인다.

왜구가 노린 것은 무엇보다 쌀이었다. 쌀을 운반하던 조운선과 양곡을 저장하는 창고를 집중 습격하였다. 왜구가 탈탈 털어가는 바람에 관료들의 녹봉을 못 줄 정도였다.

나중에는 거의 모든 것이 약탈 대상이었다. 육지에 상륙해 마을을 약탈하고 백성들을 살육하는가 하면, 노예로 쓰기 위해 사람들을 잡아갔다. 연안 마을 사람들은 두려움에 떨며 살던 집을 버리고 내륙으로 달아났다.

왜구의 뒤에는 밀무역을 통해 이익을 취하려 한 지방 다이묘들의 후원이 있었다. 왜구가 집중 발생한 시기는 일본 조정이 남북조로 갈려 다투던 혼란기였다. 가마쿠라 막부는 몽골 침입 이후 재정상의 어려움을 겪느라 지방 무사들의 불만을 충족시켜줄 수 없었을 뿐더러, 이미 통제력을 상실한 상태였다. 이내 남북조 쟁란기로 접어들면서 나라 전체가 극도로 곤궁한 상태였다. 게다가 유력 호족들은 생존을 위한 전쟁 자금이 필요하였다.

한편 대륙쪽 동아시아의 정세는 일본 내부의 모순을 밖으로 돌리기에 안성맞춤이었다. 세계를 평정하였던 몽골족의 원나라가 쇠퇴하고 명나라가 새로 건국되어 중원의 패권을 놓고 다투는 혼란한 시기였다. 오랫동안 원의 간섭을 받아야 했던 고려는 군사력이 몹시 취약하였다.

해적업이 극한으로 치닫던 시기에는 마쓰라 당이나 쓰시마, 이키 지역뿐 아니라, 세토우치와 규슈 남부의 사쓰마를 비롯한 다른 지역의 세력들도 왜구가 되어 바닷길 원정에 나섰다. 남북조 쟁란기를 거쳐 들어선 무로마치 막부 역시 밀무역으로 인한 이익 때문에 왜구들의 해적 행위를 눈감아주었다.

원나라의 지배와 감시 체제 속에서 허약할 대로 허약해진 고려는 한동안 왜구 때문에 골머리를 앓아야 하였다. 수군은 이름만 남아 있는 실정이었으며, 원나라와 갈등이 이어지고 있던 까닭에 대부분

명나라 화가 주세릉이 그린 〈태평항왜도〉太平抗倭圖. 약탈과 강간을 일삼던 16세기 중반의 왜구 모습이다.

의 병력은 북방에 배치되어 있었다.

왜구는 그 실체를 파악하기가 매우 어려웠다. 왜구가 침입했다는 소식을 듣고 군대를 보내면 먼 바다로 달아났다가 기회를 보아 다시 침입하곤 하였다. 경상도 도순문사都巡問使를 지낸 김속명은 왜구는 마치 한여름의 파리와 같아서 뿌리 뽑기가 어렵다고 고충을 토로하였다.

여말선초의 최대 두통거리는 왜구였다

왜구는 정규군이라고는 할 수 없어도 체계적인 지휘 계통을 갖춘 군대였다. 갑옷을 비롯한 장비를 갖추고, 배로 말을 실어와 기병대까지 운용하였다. 선박 운행에서부터 장비 사용 등의 세세한 항목 모두 엄격한 규율로 통제되었다.

왜구의 침입을 막아내느라 고려는 한동안 애를 먹어야 하였다. 원나라의 간섭에서 벗어나 차츰 군사력을 강화하는 한편, 전함을 새로 건조하는 등 해군력을 강화하였다. 최영은 1376년의 홍산전투에서 대승을 거두었다. 1380년은 왜구와의 싸움에서 전환점을 이룬 해였다. 이해에 왜선 500여 척이 진포에 침입해 왔다. 나세와 최무선 등이 새로 개발한 화약과 화포를 사용해 적선을 모두 불살라버렸다. 진포에 상륙해 각지를 노략질하고 다니던 왜구는 운봉에 거점을 마련해 머물고 있었다. 뒤늦게 왜구와의 싸움에 투입된 이성계는 이들 왜구 세력을 초토화시켰다. 이른바 황산대첩이다.

고려는 왜구를 근절하기 위해 군사적 대응뿐 아니라 외교적 노력에도 힘을 기울였다. 1227(고종 14)년 박인을 일본에 파견해 왜구 금지를 요구하였으며, 왜구의 침입이 늘어난 공민왕과 우왕 때에도 무로마치 막부에 사신을 보냈다. 무로마치 막부는 쇼군의 사절을 고려에 보내 왜구 단속을 약속하였다. 하지만 무로마치 막부의 지배력이 규슈에 미치지 못해 왜구는 여전히 준동을 멈추지 않았다. 왜구가 얼마나 많은 우리 백성을 약탈해갔는지는 1377년 일본에 사신으로 파견된 정몽주가 돌아올 때 포로 수백 명을 데려왔다는 기록을 통해 미루어 알 수 있다. 정몽주는 납치되어 간 우리 동포들이 노예와 같은 생활을 하는 것을 보고 불쌍히 여겨 대가를 치르고 데려왔다.

명나라는 한동안 고려가 일본과 내통하는 것으로 오해하였다. 그리하여 왜구를 엄금하도록 고려에 군사적 위협을 가하기까지 하였다. 1389년의 쓰시마 정벌은 이 같은 상황 속에서 단행되었다. 경상도원수 박위는 병선 100여 척을 이끌고 아소 만의 왜구 근거지를 공격해 적선 300여 척을 불살랐다. 일본의 무로마치 막부도 남북조가 싸우는 혼란을 수습하고 일본을 대표하는 정부로 인정받기 위해 왜구 토벌에 협조하였다.

고려 왕조를 무너뜨리고 등장한 조선은 왜구 문제를 해결하기 위해 강온양면정책을 추진하였다. 침입해 오는 왜구를 철저히 응징하면서도 무로마치 막부에 왜구 근절책을 요구하였다. 무로마치 막부가 해적 토벌을 약속함으로써 두 나라 사이에는 외교 관계가 수립되었다. 1404년의 일이다. 이에 따라 쓰시마 도주를 비롯한 규슈 각지의 다이묘들도 해적 행위에서 교역을 통해 이익을 취하는 방향으로 선회하였다. 조선은 무로마치 막부뿐 아니라 쓰시마 도주, 규슈 오우치 씨 등에게 무역의 권리를 보장하고, 부산포, 내이포, 염포 등의 항구를 무역항으로 개항하였다. 또한 회유책의 일환으로 귀화해 오는 향화왜인向化倭人을 받아들이는 한편, 일부 왜인에게는 관직을 수여하였다.

회유책과 함께 왜구의 해적 행위를 근절하기 위한 조치도 병행되었다. 왜구의 침입이 계속되자 왜구의 소굴인 쓰시마 정벌을 두 차례 단행하였다. 국교가 수립된 이후인 1419년 이종무의 쓰시마 정벌은 충청도 연안을 약탈한 왜구를 응징하기 위해서였다. 한편 왜구를 방조한 책임을 물어 쓰시마 무역선의 왕래를 금지시켰다. 쓰

명나라 군대에 사로잡힌 왜구. 전라에 가까운 모습이 이채롭다.

시마 도주 소宗 씨에게는 조선과의 무역이 사활 문제였다. 소 씨는 왜구 단속을 맹세하였으며, 그 후 해적을 보내지 않는다는 조건으로 소 씨에게 문인文引(문인은 소 씨가 보증하는 서장으로 문인 지참자에게 교역을 허락하였다) 발행권한을 부여하였다.

새 왕조 조선의 경제력과 군사력이 강화되고 조선의 적극적인 회유책이 먹혀들어 왜구는 차츰 조선 연안에서 사라졌다. 하지만 무로마치 막부의 지방 통제력이 약화되고 명나라가 내우외환에 시달리게 되자 15세기 중엽 이후 왜구가 다시 발흥하는데, 이들 후기 왜구의 주활동무대는 중국대륙이었다.

메이지 유신 이후 일본 해군성은 왜구 자료를 수집하기 시작하였다. 그 후 발간된 일본 자료들을 보면 그들이 일본 해군의 뿌리를 중세의 해적에서 찾고 있음을 알 수 있다. 구레, 사세보 같은 오늘날 일본의 주요 해군기지가 모두 왜구의 근거지에 둥지를 틀고 있는 것도 의미심장하다.

참고문헌

이현종, 《조선전기대일교섭사연구》, 한국연구원, 1964.

이영, 〈동아시아 국제질서의 변동과 왜구〉, 《한일관계사연구》 36, 2010.

김기섭, 〈14세기 왜구의 동향과 고려의 대응〉, 《한국민족문화》 9, 1997.

손홍렬, 〈고려말기의 왜구〉, 《사학지》 9, 1975.

大石武, 《元寇倭寇そして賀茂事件》, 1993.

桑野英治, 〈高麗·朝鮮王朝をめぐる國際環境と王權〉,
《半島と列島のくにぐに》, 新幹社, 1996.

임진전쟁의 전조 삼포왜란

무로마치 막부와의 선린외교, 그리고 삼포 개항

1404년 조선과 일본의 무로마치 막부 사이에 국교가 수립되었다. 이후 150년간 일본 막부의 사절이 60여 회 조선을 방문하였다. 조선은 상대적으로 소극적이어서 답례사와 통신사를 5회 보냈을 뿐이다.

무로마치 막부와 선린외교 관계를 수립한 조선은 왜구의 침략을 막기 위해 군대를 동원한 강경책과 함께 조선 남동부 연안의 항구를 개방해 무역을 허가하는 유화책을 동시에 사용하였다. 태종 초에 먼저 부산포와 웅천 내이포(제포)를 개방하고, 이어 세종대에는 염포를 추가 개방하였다. 이를 삼포三浦라고 한다. 삼포에는 각각 왜관이 설치되었다.

왜인들이 삼포에 출입하는 데는 엄격한 제한이 따랐다. 다름아닌 조선 정부가 발행한 증명서를 지참해야만 입항할 수 있었다. 삼포 개항의 최대 수혜자는 쓰시마 도주 소 씨였다. 소 씨는 삼포에 출입할 수 있는 문인을 발행해 수수료를 징수하고, 교역품에 세금을 부과해 막대한 수입을 챙겼다.

조선 정부는 소 씨에게 한 해 50척의 세견선歲遣船을 보낼 수 있는 권리를 부여하였다. 무로마치 막부의 아시카가 쇼군과 규슈 북부를 지배하던 오우치 씨 휘하의 사송선使送船도 삼포를 드나들었다. 아시카가 쇼군의 사송선은 연간 60회, 오우치 씨의 사송선은 66회에 달하였다.

15세기 중엽경에는 1년간에 200척 가까운 일본의 무역선이 수만 근의 구리銅를 싣고 조선의 개항장(삼포)에 출입하여, 수입 면직물은 수백 필에서 십 수만 필에 달한 적이 있었다. 16세기 초에 삼포에서 일본인의 폭동이 있은 후 무역이 극도로 제한되었어도 1년간에 60여 척의 배가 왕래하였고, 아시카가 장군(쇼군-저자 주) 등은 1회에 수만 필의 면포를 사 왔던 것이다. 이렇게 대량으로 수입된 면직물은 주로 상류층의 구게公家(조정 관리-저자 주)와 부케武家(무사-저자 주) 사이에 '몬멘' '소멘' 등의 이름으로 고급 옷감으로서 귀히 여겨졌다.

中村榮孝,《日鮮關係史の硏究》下(이진희,《한국과 일본문화》)

일본 역사학자 나카무라 히데타카의 글이다. 일본 배가 구리를 싣고 삼포에 들어오면, 조선측은 주로 면포로 결제하였다. 그런데 일본으로 유출되는 면포의 양이 너무 많아 국가 재정에 어려움이 발생하였다.

도쿠가와 막부로부터 해외무역 허가증을 받고 나가사키와 베트남 사이의 무역에 종사한 주인선朱印船. 15세기 중엽에는 1년에 200여 척의 일본 무역선이 삼포에 출입하였다.

차츰 조선과 일본 사이에 갈등이 고조되기 시작하였다. 본시 거래를 마친 왜인들은 바로 귀환해야 했으며, 60명에게만 왜관 내 거주가 허락되었다. 그런데 무역이 성행하고 교류가 늘면서 왜인 가운데 일본으로 돌아가지 않고 삼포에 머물러 사는 자들이 나타나게 되었다. 세종 말년에는 그 숫자가 2천 명에 이르렀다. 이들을 가리켜 항거왜인恒居倭人이라고 불렀다. 공공연히 밀무역을 자행하는 자들도 나타났다.

이는 명백한 약정 위반이었다. 조선은 약조를 지킬 것을 요구하면서도 교린정책에 기반한 관용책의 기조를 유지하였다. 항거왜인들은 엄격성을 결여한 조선의 정책을 악용하여 자신들의 세력 성장을 꾀하였다. 삼포 거류 왜인을 총괄하는 조직이 구성되고, 쓰시마 도주는 이들 조직을 통해 공물을 거두어가기까지 하였다.

세종 때부터 왜인에게 세금을 부과하는 논의가 대두하였지만, 이내 흐지부지되곤 하였다. 회유책의 하나로 면세를 비롯한 여러 가지 혜택이 계속 제공되었다. 하지만 왜인들이 법규를 위반하는 일이 빈번해지고 폐해가 심해지자, 중종대 들어 법 집행을 엄격히 시행하기에 이르렀다. 쓰시마 도주에게 규정을 초과하는 인원을 본국으로 쇄환하도록 통고하고, 혜택을 하나씩 줄여나갔다. 입항하는 일본 선박에 대한 감시도 한층 강화되었다

삼포 왜인들의 무장봉기

한편 1497년과 1500년에 녹도와 마도의 조선 수군이 연거푸 왜적의 공격을 받는 일이 발생하였다. 1508년과 1509년에도 왜적의 소행으로 의심되는 사건이 일어났다. 잇따른 사건으로 삼포에 대한 통제는 더욱 강화되었다. 삼포의 왜인들은 큰 위기를 느끼게 되었다. 조선의 요구를 받아들일 경우 자신들의 처지가 약화될 수밖에 없었기 때문이다.

쓰시마의 왜인 등 다수가 나와서 제포를 함락시킨 뒤에 근처의 각 포

《해동제국기》에 실려 있는 15세기 중엽의 부산포. 지도 중앙에 바다를
끼고 왜관이 들어서 있다.

구를 일시에 공격하여 웅천진은 지금 바야흐로 포위되어 있고, 성 밑의 민가는 모두 병화를 입었습니다. 그러므로 신이 지금 군사를 이끌고 달려갑니다.

《중종실록》, 중종 5년 4월 8일

　경상도관찰사 윤금손의 장계 내용이다. 삼포 왜인들의 선택은 무장봉기였다. 삼포 거주 왜인들은 쓰시마 도주의 군사 지원을 받아 난을 일으켰다. 제포에서는 제포에 거주하던 왜인과 쓰시마에서 온 지원군 4~5천 명이 1510년 4월 4일 웅천성을 포위 공격하였다. 이들은 갑옷과 칼로 무장한 채 공성용 무기까지 동원해 4월 6일 웅천성을 점령하였다. 부산포에서도 같은 날 쓰시마 대관代官 소 모리치카의 지휘를 받는 병력이 부산포성을 공격해 첨사 이우증을 살해하였다. 쓰시마 병력의 일부는 거제도 북단에 위치한 영등포를 공격해 4월 8일 함락시켰다. 이처럼 3방면으로 동시다발 공격을 해올 만큼 왜인들은 많은 병력과 함선을 동원하였으며, 사전에 치밀한 침공계획을 수립하였다.

　급보를 받은 조정은 토벌계획을 수립하고 군대를 파견하였다. 하지만 대응이 너무 늦었다. 중앙군은 역할다운 역할을 하지 못하였다. 삼포왜란을 앞장서 진압한 것은 지방군과 백성들이었다.

　삼포왜란은 15일 만에 완전 진압되었다. 폭동의 주모자였던 쓰시마 도주의 아들이 죽고, 왜인들이 쓰시마로 도주하면서 난은 진압되었다. 아군은 272명이 사망하고 800여 채의 민가가 불에 타는 피해를 입었다. 왜적의 사상자는 295명에 이르렀다.

《해동제국기》에 실려 있는 15세기 중엽의 제포. 중앙에 왜관이 보인다.

삼포왜란은 조선이 개국한 이래 최대 규모의 외적의 침략이었다. 삼포에 거주하던 왜인과 쓰시마 세력은 삼포에서 자행되던 불법상황에 대한 조선의 통제를 구실로 우리 영토 내에서 계획적이고 조직적인 무력도발을 자행하였다. 그들이 내건 일부 조선인 관리의 횡포 때문이라는 주장은, 여러 요인 가운데 하나는 될 수 있을지언정, 전면적인 전쟁의 명분은 될 수 없다. 그들의 의도는 무력시위를 통해 조선의 통제정책을 바꿈으로써, 삼포 내에 자유롭게 거주하는 등 종래의 모든 특권을 누리겠다는 것이었다.

후기 왜구의 발흥과 계속되는 왜란

16세기 초에 들면서 왜구는 주활동무대를 중국대륙으로 옮겼다. 동시에 약탈후 바로 귀환하는 형태에서 거점을 확보하여 상주하는 형태로 바뀌었다. 이 같은 왜구의 성격 변화에 주목한 이재범의 주장이 눈길을 끈다. 토지 점유를 목적으로 하는 왜구 집단의 침략성이 강화되고, 이들이 해상 밀무역을 독점해 국제성을 띠어가는 시대적 배경 속에서 삼포왜란이 발발하였다는 것이다.

삼포왜란을 진압한 다음 조선은 삼포를 폐쇄하고, 왜인들과의 통교를 끊었다. 경제적 어려움을 겪게 된 일본은 조선과의 외교 재개를 요청하였다. 특히 조선 무역의 특권을 상실한 쓰시마는 잃어버린 권리를 회복하기 위해 백방으로 노력하였다. 1512(중종 7)년 쓰시마 도주는 삼포왜란 주모자의 목을 베어 바치고 포로로 끌고

18세기 중엽의 〈초량왜관도〉. 뒤에 보이는 섬은 부산 영도.

간 조선인을 송환하면서, 다시는 무력도발을 일으키지 않겠다고 약조하였다.

조선은 일본과의 교역의 필요성을 크게 느끼지는 않았으나, 왜구의 발흥을 사전에 방지하는 해방정책海防政策의 일환으로 새로이 임신약조를 체결해 외교관계를 재개하였다. 조약에 따라 개항장은 제포 한 곳으로 제한되었다.(왜관은 1544년 부산포로 이전되었다.) 제포가 아닌 다른 곳으로 들어오는 왜인은 왜구로 간주되었다. 쓰시마의 특권은 절반 수준으로 줄어들었다.

조선 조정은 참수된 왜인들의 무덤을 만들어 왜인들이 두려움을 갖도록 하였다. 하지만 그 후로도 조선의 국방 인식은 크게 달라지지 않았다. 왜인들과의 충돌도 계속되었다. 1544년의 사량진왜변, 1555년의 을묘왜변, 임진전쟁을 코앞에 두고 발생한 1587년의 정해왜변 등이 그것이다. 을묘왜변은 왜구들이 70여 척의 배로 전라남

도 연안지방을 습격해 10개 진을 함락시킨 사건이다. 일각에서는
이 사건을 임진전쟁의 전조로 간주하기도 한다. 을묘왜변을 계기로
비상설기관이던 비변사가 상설기관으로 격상되었다.

참고문헌

이현종, 《조선전기대일교섭사연구》, 한국연구원, 1964.

국사편찬위원회, 《한국사》 22, 1995.

이진희, 《한국과 일본문화》, 을유문화사, 1982.

이진희, 《한국 속의 일본》, 동화출판공사, 1986.

나종우, 〈조선초기의 대왜구정책〉, 《중재장충식박사화갑기념논총》
　역사편, 1992.

이재범, 〈삼포왜란의 역사적 성격에 대한 재검토〉,
　《한일관계사연구》 6, 1996.

仲尾宏, 《朝鮮通信使の足跡:日朝関係史論》, 明石書店, 2011.

도요토미 히데요시의 망상과
일본의 조선 침략

일본군, 파죽지세로 북진하다

1592년 4월 13일 저녁 어름의 일이다. 쓰시마를 떠난 왜선 700여 척이 부산포 앞바다를 가득 메우며 들어왔다. 고니시 유키나가가 이끄는 1만 8천 명의 일본군 선봉대였다.

일본군은 다음날 이른 아침 뭍에 올라 부산진을 겹겹이 에워쌌다. 단 몇 시간의 전투 끝에 부산진은 맥없이 무너졌다. 승세를 탄 일본군은 이어 동래성으로 진격하였다. 동래성을 지키던 병사와 백성들이 옥쇄를 각오하고 싸웠지만, 조총을 앞세운 일본군의 무력을 당해낼 수 없었다.

고니시의 제1군이 거점을 확보한 다음, 가토 기요마사 휘하의 제2군과 구로다 나가마사 휘하의 제3군이 잇따라 부산과 다대포에 상륙하였다. 순식간에 조선 땅에 발을 디딘 일본군의 숫자는 15만 8천여

1592년 4월 14일의 부산진전투를 그린 변박의 〈부산진순절도〉.

명이나 되었다. 여기에 별도의 수군 병력 1만여 명이 가세하였다.

씻을 수 없는 상처를 남긴 우리 역사상 최대의 전쟁 임진전쟁은 이렇게 시작되었다. 조선이 전쟁으로 입은 피해는 상상을 초월하였다. 수많은 사람이 목숨을 잃고 국토는 황폐화되었다. 전쟁이 끝난 지 50년이 지난 뒤에도 인구와 전답의 면적이 건국 초기의 3분의 1 수준으로 줄어들었다는 통계가 보일 정도다. 장부에 기록된 수치만 합산한 것이라서 실제상황과는 거리가 있겠지만, 국가운영이 마비상태에 처해 있었음을 알 수 있다.

부산 일대를 장악한 일본군은 파죽지세로 북진을 계속하였다. 조선 조정은 가장 뛰어난 맹장으로 평가 받던 무장 이일과 신립을 보내 일본군을 막게 하였다. 이일은 상주에서 고니시 군과 맞닥뜨렸으나 패퇴하였으며, 충주 탄금대에 배수진을 치고 일본군과 맞선 신립 역시 중과부적으로 참패하고 말았다. 센코쿠 시대를 거치며 숱한 전장을 누빈 일본군은 전쟁기계라고 할 수 있을 만큼 잘 훈련되고 풍부한 경험을 갖고 있었다. 반면에 조선군은 군비도 제대로 갖추지 못했을 뿐 아니라, 실전 경험이 없었다. 잇따른 패전 소식에 다급한 조선 조정은 한양을 버리고 북쪽으로 파천하였다.

일본군은 선조가 떠난 지 사흘 만에 한성에 무혈 입성하였다. 부산에 상륙한 지 겨우 20일 만의 일이었다. 일본군은 다시 평안도, 함경도, 황해도로 진격해 갔다. 선조가 일시 파천한 평양도 이내 일본군의 수중에 들어갔다. 함경도를 포함한 거의 전 국토가 일본군에 짓밟히고 말았다.

아시아 지배를 꿈꾼 도요토미 히데요시의 망상

조선은 건국 후 200여 년 동안 이렇다 할 큰 전란을 겪지 않았다. 오랜 평화 속에서 내부 정쟁이 계속되어 정치가 혼란스러웠을 뿐 아니라, 갈수록 문치주의가 득세해 무武를 천시하였다. 상비군 체제가 무너져 북부 국경지방과 남부 해안지대를 빼면 문서상으로만 병력이 존재하였다. 율곡 이이가 외적의 침입에 대비하자며 십만양병설을 주창하였지만, 허약한 국가재정으로 인해 말잔치에 그치고 말았다.

같은 무렵 일본에서는 새로운 형세가 전개되고 있었다. 15세기 말부터 각 지역을 다스리던 영주들이 나라의 패권을 차지하기 위해 서로 싸웠다. 100여 년간에 걸친 이 시기를 센코쿠 시대라고 한다. 한쪽에서는 유럽 상인들이 들어와 신흥 상업도시가 발전함으로써 봉건체제가 동요하기 시작하였다.

센코쿠 시대의 혼란을 끝낸 최후의 승자는 도요토미 히데요시였다. 도요토미는 봉건 지배권을 강화하는 한편, 나가사키, 사카이 등지의 무역을 보호 통제하였다. 또한 명나라의 힘이 점점 쇠약해지는 것을 보고 해외정복이라는 망상을 품게 되었다. 동아시아의 패자였던 명나라는 거듭되는 내우외환에 시달리느라 극도의 정치적 혼란에 빠져 있었다.

도요토미는 일본을 통일한 여세를 몰아 아시아 전체를 차지하려는 계획을 세웠다. 전쟁과정에서 형성된 제후들의 강력한 무력은 그에게 큰 두통거리였다. 도요토미는 잠재적 위협세력으로 꼽히던

도요토미 히데요시(중앙)를 비롯한 무장들을 그린 우키요에 〈조선정벌대평정도〉.
조선 침략에 참전한 우키타 히데이에, 가토 기요마사, 고바야카와 다카카게,
시마즈 도시히로, 모리 데루모토, 도도 다카토라 등이 들어 있다.

다이묘들을 전쟁에 앞장세워 남아도는 무력을 제어하는 한편, 정복
한 땅을 그들에게 나누어줌으로써 자신의 휘하에 복속시키고자 하
였다. 임진전쟁은 도요토미 개인의 과욕에다 정치적 경제적 상황이
합쳐져 발발하였다 할 수 있다.

도요토미는 먼저 조선에 입조入朝를 요구하였다. 그리고 명나라
를 정벌할 테니 명나라 정복에 앞장서 달라고 하였다. 도요토미는
조선이 어떤 나라인지를 잘 알지 못하였다. 쓰시마는 해마다 조선
의 하사품을 받고, 조선 조정의 배려 속에서 무역을 통해 생존해온
작은 섬이었다. 그런데도 불구하고 도요토미는 얼토당토않게 조선
이 쓰시마에 복속된 땅인 줄 이해하였다. 그리하여 쓰시마 도주에
게 조선 왕을 입조시키라고 명을 내렸다.

곤경에 처한 쓰시마 도주는 국서를 개작하는 꾀를 내었다. 그리

고 통신사를 파견해 도요토미의 일본 통일을 축해해달라고 조선에 간청하였다. 이렇게 하여 성사된 조선통신사를 도요토미는 복속국의 사절단으로 여겼다.

도요토미는 방약무인한 태도로 조선통신사를 대하였다. 그리고 조선의 '입조'에 비추어 명나라 정벌도 쉬울 것으로 오판하였다. 침략계획은 외교 교섭과 관계없이 진척되었다. 그는 1591년 규슈 해안가에 침략 전진기지인 나고야名護屋 성을 쌓고, 대규모 전함의 건조에 착수하였다. 이어서 병력 대동원령을 내렸다. 할당된 병력을 채울 수 없을 만큼 무모한 명령이었기에, 일부 다이묘들은 울며 겨자 먹기로 따르면서도 '끝도 없는 군역'이라고 한탄하였다. 한편 수

잔인하기 짝이 없던 가토 기요마사 군대의 전투 장면.

십 명의 밀정을 조선에 들여보내 조선의 형편을 살피고, 침략에 사용할 지도를 제작하는 등 만반의 준비를 갖추었다.

형편이 이러한데도 조선은 무사안일로 일관하였다. 조선은 명나라에는 사대, 일본에는 교린이라는 외교 원칙을 견지하면서도, 일본과의 외교에 적극적이지 않았다. 성종 때부터는 통신사를 아예 보내지 않았으며, 쓰시마를 통해 일본과의 외교 문제를 해결하였다.

자연히 일본에 대한 정보가 극히 제한적일 수밖에 없었다. 1589년 조정에서 일본이 침입해올 가능성이 있는지 임금과 신하들이 논의한 일이 있었다. 이때 '왜선은 한 척에 백 명 이상이 탈 수 없고, 일본 전국의 배를 모두 합해봐야 백 척이 넘지 않으니, 1만 명 이상은 절대 침입해올 수 없다'는 의견에 모두들 고개를 끄덕였다고 한다.

왜곡된 편견과 당파적 입장 때문에 일본의 동태를 파악하기 위해 기껏 다녀온 통신사 사이의 의견조차 통일되지 못하였다. 정사 황윤길과 부사 김성일의 의견이 정반대로 갈렸다. 황윤길은 일본이 반드시 침략할 것이라고 한 반면, 김성일은 침범할 징후가 없다고 보고하였다.

통신사보다 한 달 늦게 한성에 들어온 일본 사신이 일본이 명나라를 치려 하니 길을 내어달라假道入明는 통고를 해오자, 조선 조정은 불에 덴듯 화들짝 놀랐다. 그제야 경상도와 전라도 연안에 성을 쌓고 무기를 정비하도록 지시하였지만, 이미 때가 늦었다.

무엇이 도요토미의 꿈을 좌절시켰는가

도요토미 히데요시는 조선과의 교섭이 결렬되자 곧바로 조선을 침공해 왔다. 전쟁 준비가 부족했던 조선군은 순식간에 와해되고 말았다. 일본군은 전투다운 전투도 없이 순식간에 평양 북쪽의 평안도를 제외한 조선의 전 국토를 유린하였다.

초기 전투에서 승승장구한 일본은 모든 것이 자신들의 계획대로 진행되는 듯이 착각하였다. 일본은 점령지에 다이칸쇼代官所를 설치해 영구 통치를 획책하였다. 조정의 학정에 시달리던 일부 백성들은 반란을 일으켰다. 평소 조정에 불만이 많았던 함경도 같은 곳에서는 그곳으로 피난 온 임해군과 순화군 두 왕자를 일본군의 손에 넘길 정도였다.

하지만 거기까지였다. 전쟁 초기인 6월부터 전국에서 의병이 일어나기 시작하였다. 의병들은 무능한 관군을 대신해 일본군과 맞서 싸웠다. 국토가 일본군에 짓밟히고 죄 없는 백성들이 무참히 살육당하는 것을 보고 스스로 향리와 동족을 지키기 위해 거병한 의병들은 일본군의 후방 보급로와 통신망을 차단함으로써 일본군을 곤경에 빠뜨렸다.

일본의 당초의 목표는 한성에서 선조의 항복을 받아내고, 조선군까지 한데 모아 명나라를 치는 것이었다. 그런데 선조가 도주해버린데다 각지에서 백성들이 거세게 저항하자 적잖이 당황하였다. 일본에서는 성이 함락되면 성주는 할복하고 백성들은 새로운 주군에게 항복하는 것이 일반적이었기 때문이다.

육상전투에서 승승장구하던 일본은 이순신 장군의 수군에 패해 수륙병진 전략에 차질을 빚게 되었다. 재미교포 윤원영 씨가 공개한 임진전쟁 이후의 거북선 기지창 그림.

조선은 명나라에 구원을 요청하였다. 명나라는 처음에는 조선이 일본과 힘을 합쳐 명나라에 쳐들어올 것을 걱정하였으나, 자국 영토에까지 전쟁이 번지는 것을 막기 위해 원병을 파견하였다.

평양을 점령한 고니시 군은 한동안 그대로 평양에 머물렀다. 선조의 뒤를 쫓아 의주로 나아갔다가 보급로가 끊긴 채 앞뒤에서 협공 받는 상황을 우려해서였다. 일본군의 전략은 육군이 부산에서 한반도를 종단해 올라가고, 수군은 남해안을 거쳐 서해로 올라가는 수륙병진책이었다. 그런데 뜻밖의 암초에 봉착하였다. 다름아닌 이순신 장군의 활약이었다.

경상좌수영과 우수영의 수군은 전투다운 전투도 없이 전쟁 초기에 궤멸되고 말았다. 하지만 전라좌수사 이순신이 이끄는 수군은 5월 7일의 첫 전투 옥포해전에서부터 일본 수군에 연전연승하였다. 그리고 일본 수군이 총력전을 펼친 한산해전에서 대승을 거둠으로써, 도요토미로 하여금 해전 중지 명령을 내리도록 만들었다. 제해권을 빼앗긴 일본 수군은 해안가에 성을 쌓고 공격해 오는 조선 수군과 싸우는 전략으로 선회하였다. 일본의 수륙병진책은 완전히 실패하고 말았다.

조선 수군과 의병이 일본군을 주춤거리게 만드는 사이에 조선 육군도 점차 전열을 정비하였다. 일본군에게 큰 타격을 입힌 대표적인 전투는 제1차 진주성전투였다. 1592년 10월 김시민이 지휘하는 관군이 의병과 힘을 합쳐 일본군을 크게 무찔렀다. 진주성전투와 권율이 이끈 이치전투에서 승리함으로써 곡창지대인 전라도를 일본군의 수중에서 지켜낼 수 있었다.

1593년 1월 명나라와 조선 연합군의 평양성 탈환 전투를 그린 〈평양탈환도〉.

평양에서 막힌 일본군, 강화회담에 나서다

평양에 주둔하고 있던 고니시 군은 식량이 떨어져 곤경에 놓이게 되었다. 조선군의 반격으로 일본군이 수세에 몰리기 시작하자 명나라는 추가 원병을 보내왔다. 명나라와 조선의 연합군은 1593년 1월 평양성을 포위 공격해 하루 만에 성을 탈환하였다. 배고픔과 추위에 지친 일본군은 도망치듯이 남쪽으로 도주하였다. 평양성전투의 승리에 도취한 명나라군은 일본군의 뒤를 추격하였다. 임진강을 넘어 남하하던 명나라군은 벽제관전투에서 일본군에 대패하였다. 전의를 상실한 명나라군은 뒤로 물러났다.

이때 한성 서쪽에 자리한 행주산성에서는 권율이 지휘하는 조선군이 한성 공략을 준비하고 있었다. 위협을 느낀 일본군은 총대장 우키타 히데이에가 3만 병력을 동원하여 행주산성을 공격하였다.

하지만 총대장이 부상을 당하는 등 큰 피해를 입은 채 퇴각하였다.

함경도까지 진격해 야차 같은 잔인함으로 우리 백성들을 공포에 떨게 했던 가토 기요마사의 군대도 한성으로 쫓겨 왔다. 가토 군은 출병시의 2분의 1로 줄어들어 있었다. 고니시 군은 그 피해가 더욱 심해서 출병시의 3분의 1 수준만이 남아 있었다. 일본군은 더 이상 확보한 전선을 유지할 수 없었다.

자국의 피해를 최소화한 채 전쟁을 빨리 마무리하고 싶었던 명나라는 강화회담을 서둘렀다. 전쟁 능력을 상실한 일본도 이에 응하였다. 강화회담을 진행하면서 일본군은 1593년 4월 경상도 해안 지방으로 퇴각하였다.

조선군이 후퇴하는 일본군을 추격하면 명군은 이를 제지하곤 하였다. 강화회담에 방해가 된다는 이유에서였다. 그런 가운데 벌어진 1593년 6월의 제2차 진주성전투는 그 유례를 찾을 수 없을 만큼 처절하였다. 한 해 전 진주성에서 당한 치욕적인 패배를 잊을 수 없었던 도요토미는 진주성에 반드시 복수할 것을 명령하였다. 진주성의 관민은 혼연일체가 되어 용감히 싸웠으나, 일본군의 총공세 앞에 10일 만에 성이 함락되고 말았다. 복수심에 불탄 일본군은 진주성 안의 6만여 군민을 잔인하게 학살하였다.

1593년 후반부터 3년여 동안은 이렇다 할 큰 전투가 일어나지 않았다. 일본군은 서생포, 부산, 동래, 웅천 등지의 수십 곳에 '왜성'을 쌓고 웅거하였다. 한반도 남쪽으로 퇴각한 시점에서 명나라를 정복하겠다는 일본의 야심은 물 건너간 것이었다. 남은 과제는 명나라와 조선에서 얼마나 많은 양보를 얻어내느냐였다. 사정이 좋지 않기는 명나라도 마찬가지였다. 누르하치가 만주에서 건주여진 부족을 통일해 큰 세력으로 성장하고 있었고, 묘족이 사천에서 반란을 일으켰다. 몽골, 티베트 등지의 움직임도 심상치 않았다.

두 나라 사이의 이해가 맞아떨어져 조선을 무시한 채 강화회담이 진행되었다. 하지만 그것은 희대의 코미디였다. 상대방에 대한 서로의 인식이 너무나도 동떨어져 있었다. 뿐만 아니라 각자의 셈법이 크게 달랐다. 담판사로 나선 사람들은 적당히 내용을 조작해 명나라 조정과 도요토미를 속이곤 하였다.

1596년 9월 오사카를 방문한 명나라 사신을 통해 자신의 요구가 전혀 받아들여지지 않았음을 알게 된 도요토미는 격노하였다. 노발대발한 도요토미는 다시 출병할 것을 명령하였다.

참고문헌

정두희 외, 《임진왜란 동아시아 삼국전쟁》, 휴머니스트, 2007.

차문섭, 《조선시대 군사관계연구》, 단국대학교출판부, 1996.

한명기, 《임진왜란과 한중관계》, 역사비평사, 1999.

루이스 프로이스, 《임진난의 기록: 루이스 프로이스가 본 임진왜란》
  (양윤선 옮김), 살림, 2008.

기타지마 만지, 《도요토미 히데요시의 조선 침략》(김유성 옮김),
  경인문화사, 2008.

사토 데스타로 외, 《이순신 홀로 조선을 지키다》(김해경 옮김), 가갸날, 2019.

參謀本部 編, 《日本戰史·朝鮮役》, 偕行社, 1924.

조선의 국토를 다시 유린하다

전라도와 충청도를 점령하라

강화 실패를 구실 삼아 도요토미 히데요시는 조선 재침공을 결심하였다. 1597년 2월, 히데요시는 가토 기요마사가 이끄는 1만 병력과 고니시 유키나가가 이끄는 1만5천 병력이 이틀마다 교대로 선봉에 서도록 군대를 배치하였다. 7천여 명의 수군을 제외한 전체 병력은 14만 1,500명에 이르렀다.

임진년 침공시 일본군의 전략은 최대한 빨리 한성을 점령하여 선조의 항복을 받는 것이었다. 정유년 재침략시에는 전략에 큰 변화가 있었다. 그들의 최우선 목표는 전라도 점령이었다. 곡창지대인 전라도를 포함한 조선 남부를 확실히 장악한 다음 충청도를 거쳐 북진할 계획이었다. 명나라와의 강화협상 때 도요토미가 내건 조선 남부의 할양을 무력으로 달성하겠다는 것이었다. 도요토미는 임진전쟁이 실패한 것은 장수들의 전의가 약했기 때문이라고 생각하였다. 그래서 점령보다는 섬멸을 목표로 할 것과 전투보고를 할 때는 적병의 코를 베어 증거로 제출하라고 명령하였다.

일본이 임진전쟁에서 실패한 가장 중요한 요인 가운데 하나는 이순신의 활약이었다. 이순신의 눈부신 활약 때문에 제해권을 상실한 일본은 육군과 수군이 서로 호응하며 치고 올라간다는 계획을 실행조차 할 수 없었다. 이순신은 일본에 눈엣가시 같은 존재였다.

일본은 이순신을 제거하기 위해 교묘한 간계奸計을 부렸다. 이른바 '요시라 사건'이 그것이다. 고니시 유키나가는 이중간첩 요시라를 조선측에 보내 강화교섭이 실패한 것은 가토 기요마사가 전쟁을 고집했기 때문이라며, 가토 군이 어느 날 바다를 건너올 테니 도중에 습격하라고 유인하였다. 곧이곧대로 믿은 선조는 이순신에게 가토 군 요격작전을 지시하였다. 적의 유인작전이라고 생각한 이순신은 섣불리 군대를 움직이기 어려웠다. 그러는 사이에 가토는 다대포에 상륙하였다.

이순신에게 불만을 갖고 있던 선조는 요시라 사건으로 폭발하고 말았다. 선조는 왕명을 무시한 죄로 이순신을 하옥시키고, 원균을 후임 통제사에 임명하였다. 이순신은 다행히 감형되어 권율의 휘하에서 백의종군하게 되었다.

일본 수군은 4월 들어 조선 근해에 들어섰다. 조정은 원균에게 일본군의 근거지를 공격하라고 명령하였다. 출정을 주저하던 원균은 미숙한 전술로 일본 수군에 끌려 다닌 끝에 칠천량해전에서 대패하였다. 원균뿐만 아니라 전라우수사 이억기를 비롯한 숱한 장수와 병사들이 죽음으로써, 한산도를 방패 삼아 일본 수군의 서진을 저지하던 조선 수군 전체가 궤멸되고 말았다.

칠천량해전에서 대승을 거둔 일본군은 두 갈래 길로 나누어 전라도 공략에 나섰다. 일본군과 조명연합군 사이에 먼저 큰 전투가 벌어진 곳은 남원이었다. 남원을 포위한 일본군은 사흘 동안의 격전 끝에 남원성을 함락하였다. 곧이어 전주도 일본군의 수중에 떨어졌다. 초계, 안의를 거쳐 전주로 향하던 가토 군은 황석산성에서 조선군의 강한 저항을 받았지만, 끝내 산성을 함락하고 전주에 입성하였다. 일본군의 공세가 시작되고 연이은 패전 소식이 당도하자, 조정에서는 다시 피난 논의가 일었다. 도성의 백성들도 동요하였다.

전주에서 하나로 합류한 일본군은 공주와 진천을 거쳐 직산에 이르렀다. 하지만 일본군의 진격은 거기까지였다. 각지에서 의병이 일어나 거센 반격이 시작되었기 때문이다. 명나라도 원병 5만 명을 다시 보내왔다. 직산까지 북상한 일본군은 명나라 군대에게 저지당하였다.

일본군의 패퇴와 왜성 농성전

원균의 허무한 패배를 지켜본 조정은 다시 이순신을 삼도수군통제사에 임명하였다. 이순신은 남아 있던 13척의 병선을 수습하여 명량해전에서 적함 133척을 궤멸시키는 기적 같은 대승을 거두었다. 일본군은 압도적인 전력의 우위를 믿고 이순신에게 설욕할 좋

이순신이 13척의 배로 10배가 넘는 일본 수군을 무찌른 〈명량해전도〉.

은 기회라고 여겼으나, 그들의 희망은 허무하게 날아가고 말았다. 사기가 크게 꺾인 일본군은 서해로 진출할 생각을 접었으며, 이로써 제해권은 다시 조선 수군의 손에 들게 되었다.

겨울이 다가오는데다 보급선이 끊길 것을 염려한 일본군은 직산에서 발길을 돌려 후퇴하기 시작하였다. 일본군은 울산에서 순천에 이르는 해안지대로 퇴각하였다. 위급할 때 재빨리 배를 타고 도주하기 위해서였다. 울산에는 가토 군, 양산에는 구로다 군, 부산포에는 우키타 군과 모리 군, 김해 죽도에는 나베시마 군, 사천에는 시마즈 군, 남해에는 다치바나 군, 순천에는 고니시 군이 자리 잡았다.

조명연합군의 공격으로 왜성에 틀어박힌 일본군은 불안한 나날을 보내야 했다. 그들은 하루라도 빨리 일본으로 돌아가고 싶었다. 하지만 도요토미 히데요시는 여전히 북상을 독촉하고 있었다. 조명연합군은 전쟁을 끝장내기 위해 5만 명 가까운 병력으로 먼저 가토 기요마사가 웅거하고 있는 울산성을 포위 공격하였다. 울산성이 가까스로 함락을 면한 것은 인근의 일본군이 목숨을 건 지원에 나섰기 때문이었다. 양진영 모두 전사자만 각각 1만여 명에 이르는 처절한 전투였다. 울산성 안에 있던 1만 6천 명 가운데 1만 명이 전사하고, 나머지 대부분은 부상당해 온전한 병력은 겨우 500명 남짓이었다는 이야기가 전한다. 식량이 떨어져 종이를 씹고 성벽에 바른 흙을 삶아 먹을 정도로 일본군은 굶주림과도 싸워야 했다.

정유전쟁 초기에는 일본군이 공세를 폈지만, 일본군이 왜성 일대에 틀어박힌 이후로는 조명연합군이 왜성을 공격하는 양상으로 전개되었다. 사천성과 순천 왜교성 등에서도 숨막히는 전투가 이어졌

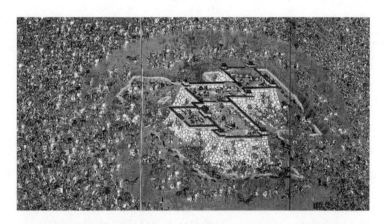

조명연합군 5만 명이 가토 기요마사 군이 웅거하고 있던 울산성을 포위 공격하고 있다.

고니시 유키나가의 순천왜성을 공격하고 있는 조명연합군(《정왜기공도》).

다. 울산성전투 이후 일본군 장수들은 회합을 갖고 도요토미 히데요시에게 일본군의 철수를 건의하였다. 더 이상의 희망이 보이지 않았던 것이다. 1598년 5월 무렵에는 정유전쟁 개전시의 병력이 이미 절반으로 줄어들어 있었다. 거듭되는 패전에 상심했기 때문일까? 눈에 띄게 쇠약해지기 시작하던 도요토미가 8월 들어 병사하고 말았다. 도요토미는 전군이 회군하라는 유언을 남겼다.

　명나라군은 철수하는 일본군에게 퇴로를 열어주려 하였다. 이순신은 원수를 살려 보낼 수 없다며 고니시 군의 앞을 막아섰다. 위험에 빠진 고니시 군을 돕기 위해 시마즈 군의 함대가 달려왔다. 이순신이 이끄는 조선 수군과 진린이 거느린 명나라 수군은 시마즈 군의 함선 200여 척을 불태우고, 배에 타고 있던 대부분의 일본군을 수장시켰다. 살아 돌아간 배는 겨우 50척이었다. 고니시 군은 전투가 벌어지는 틈을 이용해 몰래 도망하였다. 마지막 전투에서 대승을 거둔 이순신은 안타깝게도 전투 중에 날아온 적의 유탄에 맞아 최후를 마쳤다. 고니시 군을 비롯한 마지막 부대가 일본으로 돌아감으로써 7년에 걸친 임진정유전쟁은 막을 내렸다.

무모한 전쟁, 무엇을 남겼는가

　전쟁은 숱한 사람들의 목숨을 앗아갔다. 민간인을 포함한 조선측 사망자는 아무리 적게 잡아도 수십만 명에 이르렀다. 살아남은 사람들도 끝없는 고통에 시달렸다. 가장 큰 괴로움은 식량난이었다.

제대로 농사를 지을 수 없었기 때문에 전국의 많은 전답이 황폐화되었다. 일본군뿐 아니라 명나라 군대도 먹여 살려야 했으니, 백성들에게는 산지옥이 따로 없었다. 굶주린 백성들이 무리를 지어 서로 잡아먹는 참극이 빚어지기도 하였다. 설상가상으로 역질이 돌아 도처에 시체가 산을 이루었다.

전쟁의 여파로 조선은 사회체제가 붕괴되어 정상적인 국가 기능이 마비되었다. 그 손실의 크기는 당대에 그치지 않고 2, 3백 년이 흐른 다음에도 깊은 생채기로 남았다. 경복궁, 창덕궁 같은 궁궐과 사찰 등 많은 건축물이 불타고 숱한 문화재가 파괴되었다. 도공을 비롯한 기술자들이 일본에 끌려가고, 일반 백성들도 노예로 강제 연행되었다. 국토를 유린한 일본에 대한 적개심은 한층 높아졌다.

무모한 전쟁을 일으킨 일본도 전쟁의 후유증에 시달려야 했다. 십 수만 명의 병력이 전사함으로써 서일본을 중심으로 농촌사회가 크게 피폐해졌다. 일본이 전쟁의 상처에서 회복하는 데만 100여 년이 걸렸다고 한다. 전쟁의 패배로 도요토미 가문은 비참한 말로를 맞아야 했다. 도요토미 가문의 비극을 딛고 도쿠가와 이에야스에 의한 도쿠가와 막부가 설립되었다.

명나라는 대군을 파견해 국력을 소모시킨 탓에 국가재정이 어려워졌다. 그 틈을 비집고 여진족 청나라가 세력을 확장하였다. 임진전쟁은 명나라가 멸망하는 원인의 하나가 되었다.

참고문헌

정두희 외,《임진왜란 동아시아 삼국전쟁》, 휴머니스트, 2007.

차문섭,《조선시대 군사관계연구》, 단국대학교출판부, 1996.

한명기,《임진왜란과 한중관계》, 역사비평사, 1999.

루이스 프로이스,《임진난의 기록: 루이스 프로이스가 본 임진왜란》
 (양윤선 옮김), 살림, 2008.

기타지마 만지,《도요토미 히데요시의 조선 침략》(김유성 옮김),
 경인문화사, 2008.

사토 데스타로 외,《이순신 홀로 조선을 지키다》(김해경 옮김), 가갸날, 2019.

參謀本部 編,《日本戰史·朝鮮役》, 偕行社, 1924.

닥치는 대로 노예를 사냥하다

유럽으로 팔려간 조선인 포로들

바로크 미술을 대표하는 화가 피터 루벤스의 작품 〈한복 입은 남자〉(작품을 소장하고 있는 게티 미술관의 작품명은 〈조선 남자〉)가 큰 화제를 모은 적이 있다. 1983년 런던 크리스티 경매장에 등장하면서다. 작품 속의 인물이 한국인으로 추정된 것부터가 세간의 이목을 끌기에 충분했다. 유럽 나라들과 직접 교류한 적이 없던 시기에 어떻게 조선 사람이 유럽까지 갈 수 있었으며, 루벤스 같은 거장의 작품 속 주인공이 될 수 있었는지 궁금증이 꼬리를 물었다.

그 후 16세기 말에 동양을 방문한 적이 있던 이탈리아 상인 프란체스코 카를레티의 여행기가 발견되면서, 작품 속의 남자가 안토니오 코레아일 가능성이 제기되었다. 안토니오 코레아는 임진전쟁 때 포로로 잡혀 일본에 끌려간 조선 소년으로, 카를레티에게 팔려 로

80

마까지 가게 되었다.

루벤스 작품 속의 모델이 중국인이라는 주장도 있어 여전히 의견이 분분하지만, 극동의 한편에서 전개된 전쟁이 그곳에 머물지 않고 대항해시대라는 세계사적 흐름을 타고 유럽에까지 영향을 미쳤음은 분명하다.

안토니오 코레아뿐 아니라 당시 일본으로 연행된 많은 조선인 포로들이 포르투갈 노예상인들에게 팔려 마카오, 마닐라, 인도 등지로 팔려나갔다. 포로들의 인신매매가 주로 이루어지던 곳은 규슈의 나가사키와 히라도였다. 19세기 말부터 20세기 초까지 40년 넘게 일본에 머물며 일본 가톨릭사를 연구한 슈타이셴 신부가 쓴 책에는 이렇게 쓰여 있다.

이 무렵 노예매매가 몹시 발달했던 이유는 다름이 아니라 많은 수의 조선인 포로가 일본으로 끌려왔기 때문이다. 도요토미 히데요시는 일본인을 노예로 파는 일을 금하면서 조선인 포로에 대해서는 언급하지 않았다. 다이묘들은 너나없이 노예사냥에 몰두하였다. 남녀불문하고 오로지 조선인을 잡아올 목적으로 조선으로 건너가는 자들로 인해 노예매매는 더욱 기승을 부렸다. 노예상인들은 조선인을 나가사키와 히라도로 데려와 포르투갈 인에게 넘기고 포르투갈 인에게서 철포와 비단을 구입하였다.

シュタイシェン, 吉田小五郎 訳,《切支丹大名記》(姜在彦,《玄界灘に架けた歴史》)

안토니오 코레아　　　　　+++

안토니오 코레아는 정유전쟁 때 일본군의 포로가 되어 일
본으로 끌려갔다. 그는 1598년 봄 규슈 나가사키에서 이탈리
아 상인 프란체스코 카를레티에게 팔려 이탈리아로 가게 되
었다. 카를레티는 노예시장에서 조선인 소년 5명을 샀는데, 나
머지 4명은 인도의 고아에서 풀어주었다. 카를레티는 1606년
에서야 그의 고향인 피렌체에 도착하였다.

17세기 초에 한 조선 소년(일본에서 팔린 지 8년이 더 흘렀으니
청년이 되었을 수 있다)이 지구 반대쪽인 이탈리아까지 갔다는
사실은 카를레티가 쓴 여행기 속에 적혀 있다. 안토니오 코레
아가 어떤 사람이고 이탈리아에서 어떻게 살았는지는 자세히
알 수 없다. "그 중 한 사람을 피렌체까지 데려왔는데 안토니
오 코레아라는 이름으로 지금 로마에 살고 있다"는 기록으로
그에 대한 카를레티의 글이 마무리되고 있기 때문이다.

한때 이탈리아 남부에 그의 후손들이 코레아라는 집성촌
을 이루어 살고 있다는 뉴스가 보도된 적이 있다. 이는 사실
이 아닌 것으로 판명되었다.

루벤스 작품 속의 인물이 안토니오 코레아라는 주장이 제
기되어 한동안 큰 화제를 모았다. 여전히 의견이 분분하긴 하
지만, 작품 속의 주인공은 중국인일 가능성이 높아 보인다.
네덜란드 베스트스테인 교수가 입증한 '중국 상인 이퐁興浦'설
이 전거에서 보다 구체적이기 때문이다.

루벤스의 작품 〈한복 입은 남자〉.

임진전쟁은 노예전쟁이었다

종군 승려였던 게이넨의 일기는 노예 사냥의 참상을 생생히 전해준다.

일본에서 온갖 상인들이 건너왔는데, 그 가운데는 인신매매상도 있었다. 그들은 일본군의 뒤를 따라다니며 남녀노소 가리지 않고 사람을 사서, 목에 노끈을 옭아매 한데 모은 다음 앞으로 몰고 갔다. 제대로 걷지 않으면 뒤에서 몽둥이를 곧추세워 매질해대는 모습이 마치 저승사자가 죄인을 다루더라도 이처럼 심할 것인가 하고 생각되었다.

慶念,《朝鮮日日記》

조선으로 출병한 영주들에게 노예 사냥은 중요한 출병 목적의 하나였다. 노예매매가 치부의 수단이었기 때문이다. 노예 사냥은 일본군이 점령하고 있던 조선 땅 전 지역에서 이루어졌고, 남녀노소를 가리지 않았다. 이처럼 인적 수탈에 큰 무게를 둔 전쟁이었기에 많은 연구자들이 임진전쟁의 성격을 노예전쟁이라고 규정하기도 한다.

외국에 노예로 팔기 위해서뿐 아니라 일본 내부의 필요에 의해서도 조선인 납치가 자행되었다. 쓰시마에 남아 있는 문서를 보면 전쟁 출병으로 부족한 노동력을 메우기 위해 조선인을 끌고 갔다는 내용이 보인다. 규슈를 비롯한 일본 서부 지역의 영주들은 전쟁을 위해 많은 출혈을 감내해야 하였다. 규슈의 무장들에게는 100석당 5명, 시코쿠와 주고쿠 지방의 영주들에게는 100석당 4명

조선인 포로 가운데 많은 수가 규슈 나가사키 항에서 포르투갈 상인에게 노예로
팔렸다. 1764년에 출판된 고지도 속의 나가사키.

의 병사가 할당되었다. 쓰시마 영주 소 씨 같은 경우는 16살부터
53살 사이의 남자를 모두 징집해도 할당량에 모자라 다른 영주
에게서 병사를 빌려야 하였다. 전쟁에는 병사만 필요한 게 아니
다. 잡부도 있어야 한다. 그렇게 많은 병사와 지원인력을 전쟁에
동원하다 보니 농업노동력이 부족하게 되었다. 그 대용으로 조선
인을 연행하였다.

포로 가운데는 농민이 가장 많았다. 주자학자는 물론 도공을 비
롯한 기술자들도 주요 납치 대상이었다. 영주들이 자신이 다스리는
번藩의 학문을 발전시키고 재정에 보탬을 주려고 하였기 때문이다.
심지어 도요토미는 자수 잘하는 여성을 사로잡아 자신의 성으로

데려올 것을 명하였다.

이렇게 일본으로 납치된 사람의 수는 얼마나 될까? 그 수를 확정할 수 있는 사료는 없다. 일본 역사학자 야마구치 마사유키는 '적어도 5만 명 아래는 아닐 것'이라고 말하고 있다. 일본 역사학계의 주류 의견은 대략 2만 명에서 3만 명 선이다. 한국 학자들은 6만 명에서 10만 명 정도로 추산한다.

1597년 일본에 포로로 잡혀갔다가 조선으로 돌아온 정희득은 포로 생활을 적은 글에서 조선 출병 전진기지였던 나고야名護屋 거리에서 마주친 사람의 반 이상이 조선인이라고 썼다. 당시 나고야는 인구 30만 명을 헤아리는 병참도시였으니, 얼마나 많은 조선 사람이 일본으로 끌려갔을지 짐작하고도 남는다. 사쓰마의 시마즈 군이 끌고 간 포로만 3만여 명이라는 기록도 있다. 아무튼 상당한 수의 조선인이 강제연행된 것은 분명하다.

나고야는 외국인의 왕래가 잦은 국제도시의 면모도 갖추고 있었다. 당시의 나고야 시가를 그린 병풍도에는 명나라 사절단 40여 명과 포르투갈 인 등 260여 명의 통행인이 그려져 있는데, 그 가운데는 조선에서 잡혀온 포로들을 사들여 해외로 팔아넘기는 노예 상인의 모습도 보인다.

일본에서도 고국에서도 버림받은 사람들

포로로 잡혀간 사람들은 경상도와 전라도 출신이 많았다. 임진전쟁 첫해를 빼고는 전선이 주로 남부지방에 형성되었던 탓이다. 그리고 임진전쟁 초기보다 정유전쟁 시기에 잡혀간 사람이 훨씬 많았다. 일본군이 눈에 불을 켜고 노예 사냥에 나섰기 때문이다. 하지만 상대적인 비교일 뿐이지 임진전쟁 때도 숱한 사람이 일본으로 끌려갔다. 1596년 일본과의 강화교섭을 위해 명나라 사신 심유경과 함께 일본을 방문했던 황신이 남긴 글(《日本往還日記》)을 보아도 알 수 있다. 강화가 성립되어 귀국할 수 있을 것으로 기대해 오사카 사카이 항에 모여든 조선 사람이 수를 헤아릴 수조차 없었다는 것이다.

일본군에 사로잡힌 포로들은 짐짝처럼 실려 일본으로 끌려갔다. 1597년 9월 일본군에 붙잡힌 강항은 그때의 참상을 이렇게 전하고 있다.

적의 배 수천 척이 항구에 들어차 붉고 흰 기가 햇빛에 나부끼고 있다. 배 안에는 우리나라 남녀가 태반이나 되고 바닷가에는 시체가 너저분히 쌓였다. 울음소리 하늘에 사무치고 물결소리 또한 목메어 운다.

강항, 《간양록》(김찬순 옮김)

일본까지 이동하는 중에 기아와 갈증으로 죽어 나가는 사람도 부지기수였다. 갈증에 시달리다 그만 갯물을 들이켜 토사광란에 걸린 강항의 조카를 일본군은 산 채로 바다에 던져버렸다.

일본으로 끌려간 포로들은 주로 자신을 생포한 다이묘의 영지로 보내졌다. 따라서 규슈 지방이 가장 많았다. 하지만 도호쿠 지방까지 일본 전역으로 흩어져 무사 집안의 잡역 노비가 된다든지 대부분 노예 같은 삶을 살았다. 그리고 적지 않은 수의 포로들은 노예상인에 팔려 다른 나라로 또다시 정처 없는 발걸음이 이어졌다.

포로 가운데 일부는 다시 조선으로 돌아올 수 있었다. 도요토미 히데요시에 이어 일본의 실권을 잡은 도쿠가와 이에야스는 조선과의 국교 회복을 서둘렀다. 이에야스의 명령을 받은 쓰시마 도주는 조선측에 성의를 보이기 위해 일부 포로를 조선으로 돌려보냈다. 1609(광해군 1)년의 국교 재개를 전후로 한 포로 쇄환사의 활동을 통해 5천여 명의 포로들이 고국으로 돌아왔다.

쇄환 인원이 적은 것은 일본측의 비협조 때문이었다. 조선 정부는 쇄환사절단을 일본에 보내 포로들을 데려왔다. 일본 전역에 사람을 파견해 조선인 포로를 확인하는 작업을 벌였다. 하지만 언어가 통하지 않고 연락이 닿지 않는 곳이 많아 활동에 제약이 컸다.

많은 포로들은 고국에 돌아가기를 간절히 원하였다. 스스로 탈출을 시도하다 죽임을 당한 사람들도 많았다. 조선 사절이 머무는 숙소 밖에는 조선인들이 몰려와 데려가 달라고 아우성을 쳤다. 하지만 어렵사리 고국에 돌아온 포로들을 기다린 것은 차가운 시선이었다. 이들이 적군에 협력한 사람들은 아닐까 하는 의구심이 귀환한 포로들에 대한 냉대로 이어졌다. 그들은 일본에서도 고국에서도 설 자리가 없었다.

최초의 조선인 가톨릭 신자는 임진전쟁 포로들이었다

임진전쟁 조선인 포로들의 삶을 돌아볼 때 특기할 만한 것은 이들

예수회는 포교 전략의 일환으로 도요토미 히데요시를 비롯한 다이묘들과
협력하였다. 임진전쟁 후에는 노예 매매를 금지하는 조치를 취하였다.

가운데 상당수가 가톨릭 신자가 되었다는 사실이다. 흔히 18세기
말 사람인 이승훈을 한국인 최초의 가톨릭 신자라고 말한다. 하지
만 임진전쟁 때 일본으로 끌려간 사람 가운데 적어도 5천여 명이
가톨릭에 귀의했다고 한다. 1596년 12월 3일에만 루이스 프로이스
신부가 나가사키에서 조선인 포로 1,300명에게 세례를 베풀었다는
기록이 전한다.

이들 가운데 이름이 알려진 사람으로는 권 빈첸시오가 있다. 그
는 한국인 최초의 예수회 회원이자 수도자였다. 조선에 입국해 선
교할 계획이었던 그는 뜻을 이루지 못한 채 가톨릭 포교를 금지한
도쿠가와 막부에 체포되어 화형에 처해졌다. 1867년 바티칸은 그를

일본인 순교자들과 함께 복자위福者位에 올렸다.

또 한 사람의 화제의 인물은 줄리아 오타다. 일본 가톨릭계에서 성녀로 받드는 인물이다. 임진전쟁 초기에 평양에서 납치되어 일본으로 가게 된 그는 세례를 받고 가톨릭교도가 되었다. 우여곡절 끝에 당시 최고 권력자인 도쿠가와 이에야스의 지근거리에서 지내는 시녀가 되었지만, 배교를 강요하는 이에야스에 맞서 끝내 신앙을 버리지 않았다. 줄리아 오타는 육지에서 멀리 떨어진 태평양 한가운데 외딴섬으로 유배되었는데, 어떻게 삶을 마감했는지는 이설이 존재한다. 그의 소설 같은 삶은 여러 편의 문학작품 등으로 형상화되었다.

어디에도 의지할 데가 없던 조선인 포로들이 가톨릭에 귀의한 것은 무엇보다 포로 생활의 고달픔 때문이었을 것이다. 그들이 끌려갈 때만 해도 규슈 지역에는 가톨릭 포교의 자유가 허용되었고, 크리스천 다이묘까지 있었다. 가톨릭 사제들이 당시 노예 매매를 금지하는 조치를 취한 데 따른 호감도 작용하였다. 하지만 기쁨도 잠시였다. 이내 가톨릭 포교 금지조치가 내리고 많은 조선인 신자들이 순교하고 말았으니.

참고문헌

강항,《간양록》(김찬순 옮김), 보리, 2006.

노성환,《임란포로, 끌려간 사람들의 이야기》, 박문사, 2015.

루이스 프로이스,《임진난의 기록: 루이스 프로이스가 본 임진왜란》
(양윤선 옮김), 살림, 2008.

기타지마 만지,《도요토미 히데요시의 조선 침략》(김유성 옮김),
경인문화사, 2008.

요네타니 히토시,〈사로잡힌 조선인들〉, 정두희 외,
《임진왜란 동아시아 삼국전쟁》, 휴머니스트, 2007.

姜在彦,《玄界灘に架けた歷史》, 朝日新聞社, 1993.

片岡弥吉,《長崎の殉教者》, 角川書店, 1970.

무참한 살육과 야만적인 코베기

교토 시내 한복판에서 만나는 기괴한 무덤

교토 국립박물관은 우리나라 관광객이 많이 들르는 곳 가운데 하나다. 박물관 바로 옆에는 도요쿠니 신사가 자리하고 있다. 이곳 신사의 주신은 임진전쟁의 원흉 도요토미 히데요시다.

신사의 정문께에서 서쪽을 바라보면 낮은 건물 사이로 독특한 모양의 무덤이 하나 눈에 들어온다. 봉분의 높이가 9미터쯤 되는 제법 큰 무덤이다. 봉분의 정상에 돌로 만든 오륜탑이 세워져 있는 게 이채롭다. 안내판에는 귀무덤耳塚(코무덤鼻塚)이라고 되어 있다. 설명문을 조금 더 읽어본다.

이 무덤은 16세기 말 일본을 통일한 도요토미 히데요시가 대륙에도 지배의 손길을 뻗치기 위해 한반도를 침공한 이른바 분로쿠·

게이초의 역(한국에서는 임진·정유전쟁, 1592~1598년)과 관련된 유적이
다. 도요토미 휘하의 무장들은 예로부터 일반적인 전공의 표식이었
던 적군의 머리 대신 조선 병사와 남녀 백성들의 코와 귀를 베어서,
소금에 절여 일본에 가지고 왔다. 이들은 도요토미의 명령에 따라
이곳에 매장되어…

　섬뜩한 일이다. 전쟁에서 자비를 바랄 수는 없겠지만, 잔인하게
살육한 것도 모자라 죽은 사람의 신체를 훼손해 이역만리에 갖다
묻었다니. 게다가 전장에서 싸운 병사들만이 아니라 일반 백성들의
코와 귀까지 베어 왔다지 않은가. 의병장으로 일본군과 싸운 조경
남이 남긴 기록(《난중잡록》)에 의하면 죽은 사람뿐 아니라 산 사람
도 붙잡아 마구잡이로 코를 잘라 갔다. 그래서 난리통에 코 없이
산 사람이 적지 않았다고 한다.
　임진정유전쟁이 끝난 지 400년이 더 지났다. 하지만 귀무덤 또는
코무덤이라고 불리는 무덤이 일본 한복판에 남아 당시 전쟁의 참상
을 전하고 있다. 도대체 이 괴기한 무덤은 어떤 연유로 왜 생겨난 것
일까?
　일본은 임진전쟁 초기에 아무도 없는 땅을 정복하듯 승승장구하
였지만, 불과 몇 달 지나지 않아 수세에 몰리기 시작하였다. 명나라
까지 정복하겠다는 도요토미 히데요시의 야망은 뜬구름처럼 날아
가 버리고, 지리한 강화교섭마저 아무 소득 없이 파탄이 나자, 도요
토미의 분노는 극에 달하였다. 재출병을 결심한 도요토미의 목표는
우선 조선의 남부를 장악하는 것이었다. 강화협상 때 내걸었던 조

임진전쟁의 원혼들이 잠들어 있는 교토 코무덤.

선 남부 할양을 무력으로 쟁취하기 위해서였다.

도요토미는 부하들의 전의에 의심을 품었다. 임진전쟁 초기에 고니시 유키나가가 평양에서 패했다는 소식을 듣고 점령하고 있던 황해도 봉산성을 버리고 달아난 오토모 요시무네 같은 장수가 다시 나와서는 안될 일이었다. 당시 도요토미는 다른 영주들에게 본보기를 보이기 위해 오토모 요시무네 등의 영지를 몰수하였다. 도요토미 히데요시는 정유년의 재침공을 명령하면서 남녀노소 구별 없이 무참히 살육할 것을 지시하였다. 그리고 전투보고에는 적병의 코를 베어 증거로 제출하도록 하였다. 일본군 참모본부가 펴낸 전사戰史는 히데요시의 명령을 이렇게 설명하고 있다.

조선이 아직 굴복하지 않은 것은 전라도와 충청도 2도가 그대로 온존되어 있기 때문이다. 따라서 앞서 발령한 방략(2월 21일의 명령)에 따라 좌군은 우키타 히데이에를 대장, 고니시 유키나가를 선봉 삼아 의령, 진주를 거쳐 전진하고, 우군은 모리 데루모토를 대장, 가토 기요마사를 선봉 삼아 밀양, 대구를 거쳐 나아가라. 좌군과 우군이 함께 전라도에 들어가 그곳의 벼를 베어 식량을 삼고, 성을 하나하나 공략하며 충청도로 진격하라. … 이번에는 머리 수급이 아니라 코를 베어서 소금에 절여 교토로 보내라.

参謀本部 編, 《日本戰史·朝鮮役》

노인, 부녀자, 갓난아이… 닥치는 대로 코를 베다

임진전쟁 때 일본군의 수륙병진 전략을 요절낸 이순신을 대신해 삼도수군통제사가 되어 있던 원균이 인솔하는 조선 수군을 칠천량해전에서 궤멸시킨 일본군은 도요토미의 명령대로 일제히 전라도로 진격하였다. 그들은 먼저 전라도 초입의 전략요충지 남원성을 포위 공격하였다. 남원성에서는 군민이 일치단결하여 싸웠으나 중과부적으로 마침내 성이 함락되고 말았다. 일본군은 성안의 백성들을 닥치는 대로 살육하였다. 당시 종군승려로 참전하였던 게이넨은 자신의 일기에 성 밖을 돌아보니 길바닥에 죽은 사람이 모래알처럼 널려 있어 차마 눈 뜨고 볼 수 없었다고 그 참상을 기록하였다.

일본 병사들은 죽은 사람들 사이를 돌아다니며 코를 베었다. 본격적인 코베기가 시작된 것이다. 남원 고을에서 6천여 명의 코를 베어 도도 다카토라를 통해 도요토미에게 보냈다고 한다. 남원을 점령한 일본군은 전라도 일대를 돌며 닥치는 대로 코베기에 나섰다. 남아 전하는 문서에 의하면 1597년 8월 말에서 10월 초에 갓카와 히로이에와 나베시마 나오시게 두 장수가 취한 코만 해도 3만여 개에 이른다.

일본군은 죽은 조선 병사들만이 아니라 코를 얻기 위해 노인과 부녀자를 습격하여 전과를 부풀렸다. 갓 태어난 아기조차 가리지 않고 죽이고 코를 잘라 갔다. 갓카와 히로이에의 활동을 기록한 갓카와 문서에는 이해 9월 26일 하루에 취한 코의 수가 10,040개로 적혀 있다. 그 밖에도 보통날 얻은 코의 개수를 10여 배 상회하는 날짜가 보인다. 이 같은 상식을 벗어나는 기록이 바로 민간인 희생의 증거라고 연구자들은 입을 모은다.

잔인하기로 악명 높았던 가토 기요마사는 자신의 휘하 병사들에게 반드시 1인당 코 3개를 베어 오도록 할당하였다. 정유전쟁 때 가토가 이끌던 군대가 1만 명이었으니, 그의 부하들이 모두 할당량을 채웠다면 그 숫자만도 3만이다. 이에 질세라 다른 장수들도 경쟁했을 것은 불을 보듯 뻔하다.

장수들은 부하들이 베어 온 코를 확인한 다음 영수증을 써주었다. 코베기는 전공의 징표가 되었다. 다이묘인 장수들은 코베기에서 큰 성과를 낸 가신들의 봉토를 늘려주었다. 장수들은 수집한 코를 도요토미 히데요시 대신 조선에 건너와 전쟁을 감찰하고 있던 부

시마즈 요시히로 군이 조선인의 귀를 잘라 통에 담고 있다. '적의 귀를 잘라 일본으로
보내는 요시히로의 지혜'라는 문구를 통해 후대 일본인들의 임진전쟁에 대한
생각을 짐작할 수 있다.

교奉行에게 보낸 다음 코 청취장을 수령하였다.

한데 모인 코는 소금과 석회에 절여 큰 통에 담았다. 큰 통 하나
에는 대략 천 개 남짓의 코가 담겼다. 방부 처리된 코는 배에 실어
도요토미 앞으로 전달되었다.

코무덤인가 귀무덤인가

교토의 코무덤은 이렇게 도요토미 앞으로 보낸 코를 묻은 무덤
이다. 1597년에 처음 무덤을 조성할 때는 코무덤이라고 했던 것을

《도림천명승도회》都林泉名勝図会 속의 코무덤 그림. 네덜란드 사람들에게 코무덤을 관광시키고 있다.

어느 시점부터 귀무덤이라고 고쳐 부르기 시작했던 것 같다. 일설에는 도쿠가와 막부 시대에 일본을 방문한 조선통신사들의 숙소가 코무덤 근처라서 혐오감을 덜 주는 귀무덤으로 바꿔 불렀다는 이야기도 전한다.

아무튼 무덤을 만든 지 얼마 지나지 않아서부터 귀무덤으로 불리기 시작해 최근까지 줄곧 귀무덤으로 불렸다. 1979년 교토 시가 세운 안내판에도 귀무덤耳塚으로 표기되어 있었다. 그러던 것이 2003년에 세운 안내판부터 귀무덤(코무덤)이라고 두 가지 이름이 함께 표기되기 시작하였다.

이름 못지않게 이 무덤 속에 무엇이 묻혀 있는지 의견 또한 분분하다. 코만 묻혀 있다는 의견부터 코와 귀가 함께 묻혀 있다는 의견, 그리고 일부 머리도 묻혀 있다는 주장까지 다양하다.

당시 도요토미 앞으로 코를 실어 보내면서 함께 보낸 문서에는 '이름 있는 장수들은 머리를 베어 보내고, 그 외의 사람들은 코를 잘라 보낸다'는 내용이 들어 있다. 1593년의 진주성싸움에서 전사한 경상우병사 최경회 등의 목을 교토로 가져가 전시하였다는 기록도 찾아볼 수 있다.

임진전쟁 때는 주로 귀를 잘랐다. 1593년 나베시마 군은 원산에서 조선사람 1,300여 명의 목을 베고 시신의 귀를 잘랐다. 시마즈 집안의 문서에서 확인할 수 있듯이, 임진전쟁 시기에 이미 귀만이 아니라 코를 베어간 경우도 있었다. 전과 확인을 위해 주로 귀를 자르다가 더러는 귀와 코 할 것 없이 무차별적으로 베었던 것 같다. 그러던 것이 정유전쟁 때는 전과가 부풀려지는 것을 막기 위해 하나뿐인 코를 베어 머리를 대신하게 하였다.

교토 귀무덤(코무덤)의 조성시기가 정유전쟁 때인 점으로 미루어, 이곳에는 주로 코가 매장되었다고 볼 수 있다. 귀나 일부 사람의 머리가 함께 묻혔을 가능성도 배제할 수 없다. 정유전쟁에 참전해《조선이야기》朝鮮物語를 남긴 오코치 히데모토는 다음과 같이 증언하고 있다.

일본 병사 16만 명이 정벌에 나서 조선 사람의 목 18만 538개, 명나라 사람의 목 2만 9,014개, 모두 합쳐 21만 4,752개를 교토 헤이안 성 동쪽의 대불전 근처 무덤에 석탑을 세우고 묻었다.

교토 코무덤을 설명하는 내용이다. '목'이라는 표현이 정확한 것은 아니지만, 코 하나가 한 사람을 가리키기 때문에 그 같은 의미로 썼다고 판단된다. 교토 코무덤만 놓고 보면 많이 부풀려진 숫자라는 게 중론이다. 하지만 연구자 가운데는 계량적 연구를 통해 코베기 피해자를 명나라 사람까지 포함해 30여만 명 선으로 유추하기도 한다.

코무덤은 교토에만 있는 게 아니다. 오카야마 현 비젠 시와 쓰야마 시를 비롯해 쓰시마, 후쿠오카 등에도 코무덤 혹은 귀무덤이 남아 있다. 구마모토 현 히토요시 시에 있는 천인총석탑도 조선인의 코와 귀를 베어 간 흔적이다. 비젠 시와 쓰시마의 코무덤을 찾아낸 김문길 교수는 비젠 시 코무덤에만 2만여 개의 코가 매장되었을 것으로 추정한다. 코무덤이 있는 곳은 모두 임진정유전쟁에 출병한 주요 장수들의 영지다. 다른 곳에 밝혀지지 않은 코무덤이 몇 개가 더 있는지 알 수 없는 일이다.

코무덤을 만든 이유는 무엇일까

교토 코무덤은 1597년 9월에 만들어졌다. 정유전쟁이 시작된 지 얼마 지나지 않았을 때다. 조선 땅에서는 일본군이 조선인을 무참히 살육하며 죽은 사람 산 사람 가리지 않고 코베기에 열중하고 있었다. 이 같은 시점에 코무덤을 만든 진의는 무엇이었을까?

무덤을 조성하면서 법요식을 주재한 승려 사이쇼 쇼타이는 죽은 사람을 가엾게 여긴 도요토미의 자애심의 발로라고 미화하였다. 하지만 당시 코무덤 만드는 모습을 지켜본 또 다른 승려 기엔은 무덤을 만든 것은 '일본이 전쟁에서 대승리를 거두었다'는 것을 드러내 보이기 위해서였다고 일기에 적었다.

오늘날까지도 코무덤이 박애심을 나타내는 상징이라고 아전인수로 해석하는 일본인들이 많다. 그처럼 자애한 도요토미 히데요시는 어째서 '조선에서 베어 온 귀와 코를 수레에 싣고서 오사카, 후시미, 교토를 돌며 군중들에게 자랑'(堀杏庵,《朝鮮征伐記》)했단 말인가. 귀와 코는 그들에게 전쟁의 전리품이자 도요토미의 위대함을 상징하는 징표일 뿐이었다. 무덤 역시 도요토미의 전공을 세상에 과시하는 상징이었다.

국가적으로 전승의 기념이요, 개인적으로 자신의 무공을 빛내기 위해 코무덤을 조성한 것은 도요토미나 다른 곳에 코무덤을 만든 무장들이나 다르지 않았다. 이런 생각은 후대에 이르러서도 달라지지 않았다.

1898년은 도요토미 히데요시가 죽은 지 300년이 되는 해였다. 이해에 '도요토미 공 300년제'라 하여 도요토미를 기리는 큰 행사가 개최되었다. 코무덤을 개수하고 봉분 위에 오륜탑을 다시 세운 것은 그 행사의 일환이었다. 오륜탑 건립위원장은 임진전쟁 선봉장의 한 사람이었던 구로다 나가마사의 후손으로 귀족원 부의장이었다. 당시는 일본이 청일전쟁에서 승리한 후 한창 제국주의 국가로 발돋움할 때였다. 대륙 지배를 꿈꾸던 도요토미 히데요시의 삶과 그의 대륙침략전쟁이 새롭게 조명되던 시점이었다. 코무덤이 일

조선통신사와 코무덤 +++

전쟁이 끝나고 조선과 일본 사이에 국교가 재개되었다. 1607년부터 세 차례 회답 겸 쇄환사가 일본을 방문한 것을 시작으로 대략 20여 년 만에 한 번씩 정식 외교사절인 조선통신사가 일본으로 건너갔다. 대부분의 조선통신사들은 교토의 코무덤을 찾았다. 코무덤이 교토 시내 한복판에 있는데다 숙소에서도 가까워 쉬 둘러볼 수 있었다.

1624년 통신사의 부사였던 강홍운은 '코무덤(이총)의 유래를 듣고 왔지만 아픈 마음을 금할 수 없다'(東槎錄)고 소회를 적었다. 코무덤의 존재는 일찍부터 조선에 알려졌다. 포로로 잡혀갔다가 1600년에 귀국한 강항의 《간양록》에서 이미 그 기록을 발견할 수 있다. 강항은 '도요토미가 조선 사람의 코를 베어 왜경倭京으로 보내라 하여 이를 대불사 앞에 묻었는데, 조선 사람들이 쌀을 모아 제사를 지내겠다고 제문을 지어달라기에 지어주었다'고 술회하였다.

많은 통신사들의 기록에서 코무덤 방문 사실을 확인할 수 있지만, 코무덤의 원혼을 애도하는 일도 간단치 않았다. 도쿠가와 막부에서 일본이 조선보다 군사적으로 우위에 있다는 것을 과시하기 위해 코무덤을 이용했기 때문이다. 에도 시대에 간행된 여러 책에는 조선인들이 코무덤에서 두려움에 떨었다는 내용이 삽화와 함께 실려 있다. 심지어 교토 관광안내서에도 코무덤이 등장하는데, 외국인들에게 자신들의 힘을 과시하는 데 써먹었다. 1719년에 일본을 방문한 조선통신사들이 코무덤 앞에 위치한 호코지(도요토미 히데요시가 세운 절)에서 개최하는 연회에 참석하는 문제로 일본측과 한바탕 실갱이를 벌인 것도 이 같은 배경 때문이었다.

교토에 들른 조선통신사들이 코무덤을 둘러보고 있다.

본의 국가적 야망의 실현과 군사적 역량을 과시하는 데 이용되었음은 말할 것도 없다.

적국의 한복판에 코와 귀가 잘려 묻혀 있는 영령들이 죽어서인들 평안할 리 없다. 그들의 원혼을 달래기 위해 뜻있는 인사들이 코무덤을 국내로 이전해 오는 운동을 전개하였다. 교토 코무덤의 몇 줌 흙이 경남 사천으로, 비젠 코무덤 흙의 일부는 전북 부안으로 옮겨졌다. 하지만 그뿐, 환수된 코무덤의 관리가 의미 있게 이루어지지 못하고 있다고 한다. 영령들은 살아서도 죽어서도, 적국에서도 고국에서도 온당한 대접을 받지 못하고 있는 것이다. 안타까울 뿐이다.

참고문헌

김문길, 《임진왜란은 문화전쟁이다》, 혜안, 1995.

이진희, 《한국과 일본문화》, 을유문화사, 1982.

노성환, 〈교토의 귀무덤에 대한 일고찰〉, 동북아시아문화학회,
《동북아문화연구》 18, 2009.

기타지마 만지, 《도요토미 히데요시의 조선 침략》(김유성 옮김),
경인문화사, 2008.

仲尾宏, 《朝鮮通信使の足跡:日朝関係史論》, 明石書店, 2011.

參謀本部 編, 《日本戰史·朝鮮役》, 偕行社, 1924.

불타는 도시, 빼앗긴 문화재

조선의 문화재를 약탈하라

임진전쟁이 남긴 상처는 매우 컸다. 도시와 마을이 불타고 산과 들은 황폐해졌다. 오제키 사다스케의 《조선정벌기》에 따르면 가토 기요마사의 군대는 하룻밤 사이에 경주를 모조리 불살라버렸다고 한다. 3만 채가 넘는 가옥이 소실되었다. 진주, 남원 같은 도시도 도시 전체가 피해를 입었다.

일본군은 불타는 도시를 돌아다니며 닥치는 대로 문화재를 약탈하였다. 문화재 약탈은 전쟁의 참화 속에서 벌어진 우발적인 일이 아니었다. 도요토미 히데요시는 계획적인 약탈을 위해 특수부대를 편성하였으며, 도요토미의 신임을 받던 안국사 승려 에케이惠瓊 같은 사람이 약탈을 주도하였다.

참전한 장수들도 서로 앞 다투며 조선의 문화재를 약탈해 일본으로 반출하였다. 총사령관 우키타 히데이에는 서울에 입성하자마

후쿠이 현 조구 신사에 보관되어 있는 진주 연지사 동종.
진주시에서 반환을 요구하고 있다.

자 남산 기슭의 활자고를 습격해 그곳에 있던 금속활자를 빼돌렸다. 이때 약탈된 금속활자의 수만 20만 자에 이른다고 한다.

안타깝게도 얼마나 많은 우리 문화재가 수탈당했는지 정확한 수량조차 알 수 없다. 당시에는 명칭이 없는 문화재가 대부분이었기 때문이다. 약탈된 문화재가 어디에 있는지 소재 또한 알기 어렵다. 일본 산세이도에서 펴낸 《일본사》는 "두 번에 걸친 침략은 조선 사람들에게 큰 피해를 주었다. 뿐만 아니라 철군하면서 불상, 금속활자 등의 문화재를 약탈하고, 도자기 장인을 비롯한 헤아릴 수 없이 많은 사람을 일본으로 연행"하였다고 기술하고 있다. 일본의 약탈 행위로 조선에서는 책이 씨가 마르고, 도자기 문화는 한동안 침체에 빠졌다.

불에 타 한줌 재로 사라진 우리 문화재

일본으로 유출된 문화재는 남아 있기라도 하니 그나마 다행이라고 해야 할까? 역설도 이런 역설이 없다. 빼앗긴 것을 다행이라고 해야 하는 판국이니. 그것은 7년에 걸친 전쟁통에 불에 타 사라져 버린 문화재가 얼마만큼 되는지 가늠조차 할 수 없기 때문이다. 숱한 문화재들이 불꽃 속에서 한줌 재가 되고 말았다.

많은 도시의 건물과 문화재들이 불에 탔지만, 누구의 소행인지 모르는 경우가 대부분이다. 일본에서는 우리 백성들이 불을 질렀다고 주장한다. 그런 경우도 없지 않을 것이다. 한성에 불을 지른 것

은 도성을 버리고 달아난 임금과 대신들에 분노한 백성들의 소행이
라는 주장이 많았다.

하지만 오제키 사다스케에 의하면 선조가 몽진한 후인 1592년 5월
3일까지도 임금이 거처하던 경복궁은 멀쩡하였다. 고니시 유키나가
휘하의 장수로 한성에 가장 먼저 들어갔던 오제키는 경복궁의 아
름다움이 중국 진시황 궁전의 장려함에 방불하더라고 찬탄하였다.
고니시 군에 종군했던 승려 덴케이는 한성 입성이 며칠 늦었다. 그
가 남긴《서정일기》西征日記 5월 7일자에는 '궁궐 안으로 들어가니
모두 초토로 변해 있었다'는 기록이 보인다. 일본군이 점령하고 있
던 며칠 사이에 경복궁이 불에 탔던 것이다.

경복궁뿐 아니라 창덕궁, 창경궁 같은 다른 궁궐도 불에 타 사라
졌다. 조선왕조 역대 왕과 왕비의 신주를 모신 종묘도 일부가 소실
되었다. 지금의 종묘는 광해군 때 증축한 것이다.

《조선왕조실록》과 실록을 보관하던 사고史庫도 화마를 피하지 못
하였다. 실록은 한성의 춘추관과 충주, 성주, 전주의 모두 네 곳에
보관중이었다. 4대 사고 가운데 전주사고에 있던 실록만이 살아남
았다. 당시 전주사고에는《조선왕조실록》을 비롯하여《고려사》,《고
려사절요》등 모두 1,300여 권의 책이 소장되어 있었다. 전주사고
의 장서는 일본군을 피해 책을 안전한 곳으로 피신시킨 백성들의
기지로 운 좋게 살아남을 수 있었다.

조선 왕실을 경악시킨 사건 가운데 하나는 선정릉 도굴사건이었
다. 한성에 진주한 일본군은 성종 부부가 묻힌 선릉과 중종이 묻힌
정릉을 파헤쳐 시신까지 훼손하였다. 도쿠가와 이에야스가 집권한

후 국교재개 협상이 진행되는 중에 조선은 선릉과 정릉을 도굴한 도굴범을 조선으로 압송할 것을 전제조건으로 내걸었다. 도쿠가와 막부는 도굴범 2명을 조선으로 보냈지만 진범은 아니었다.

불에 탄 문화재는 전국에 걸쳐 있었다. 그 가운데는 사찰을 비롯한 불교 문화재가 많았다. 부산 범어사, 경주 불국사, 순천 송광사, 구례 화엄사, 양산 통도사, 군위 인각사를 비롯한 많은 절이 불에 탔다. 신라 최대의 불상이었던 분황사 약사여래입상도 임진왜란 때 소실되었다.

장성의 필암서원과 음성향교도 불에 탔다. 우리 전통정원의 아름다움을 잘 구현한 담양 소쇄원, 영남의 3대 누각으로 꼽히던 태화루, 세종대왕 때 만들어 설치한 앙부일구(해시계)도 사라졌다.

얼마나 많은 문화재가 유출되었을까

일본에는 우리 문화재가 7만여 점 있는 것으로 조사되었다. 합법 절차를 밟아 취득한 것도 있지만, 상당수는 불법반출된 것들이다. 문제는 그 숫자가 일부에 지나지 않는다는 사실이다. 학계에서는 현재까지 파악된 수량의 몇 배에 이를 것으로 본다. 문제는 현황파악도 어렵고, 반출경위도 잘 모른다는 것이다.

반출경위가 알려진 대표적인 문화재의 하나는 〈몽유도원도〉이다. 세종 때의 화가 안견이 안평대군의 부탁을 받고 그린 〈몽유도원도〉는 경기도 고양의 대자암에 걸려 있었다. 왜장 시마즈 요시히로가

시마즈 요시히로가 약탈해 덴리 대학 중앙도서관에 소장되어 있는 화가 안견의
〈몽유도원도〉.

약탈해 일본으로 가져갔다. 1939년에 일본의 국보로 지정(당시의 국
보는 2차대전후 제도가 바뀌면서 중요문화재가 되었다)되었으며, 현재
덴리 대학 중앙도서관이 소장하고 있다.

진주 연지사의 동종은 일본 후쿠이 현 조구 신사에 보관되어 있
다. 통일신라시대의 작품으로 일본에 있는 우리나라 종 가운데 제
작연대가 확인되는 가장 오래된 종이다. 임진전쟁에 출병한 도요토
미 히데요시의 가신 오타니 요시쓰구가 노획해 봉납했다고 전한다.
1953년에 일본의 국보로 지정되었다. 연지사의 연고지인 진주시에
서 반환을 요구하고 있는 중이다.

조선의 책, 씨가 마르다

일본이 싹쓸이하듯이 긁어간 문화재는 책이었다. 당시 일본의 조
선 책 약탈 수준은 '문화적 재앙'이었다고 영국 케임브리지 대학교

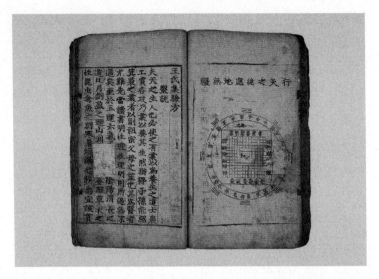

세종 때 편찬된 한방의학 백과사전《의방유취》. 초간본 266권 가운데 국내에는 201권 단 1권이 남아 있다.

에서 동아시아학을 연구하는 피터 코니스키 교수는 말한다. 특히 유학 관련 서적은 씨가 마를 정도였다. 15, 16세기의 우리나라 인쇄 사를 연구하기 위해서는 일본에 가야만 한다. 이 시기의 책이 거의 일본에 있기 때문이다.

반출한 책은 일본 궁내성 서릉부書陵部와 내각문고 같은 곳에 소 장되어 있다. 도쿠가와 이에야스가 넘겨받은 약탈 도서의 일부는 에도 성의 모미지야마 문고를 거쳐 궁내청 서릉부와 내각문고의 장 서가 되었다. 일본 왕실도서관인 궁내청 서릉부의 장서 가운데 대 외적으로 알려진 대표적인 책은 의학대백과사전인《의방유취》가 꼽 힌다. 가토 기요마사가 약탈해 가져간 책이다. 국내에 남아 있는《의

방유취》 필사본은 보물로 지정되어 있다. 그 밖에도 조선 책들은 '문고'文庫 등의 형태로 일본 각지에 산재해 있다.

나고야에 위치한 호사 문고에는 1512년에 간행된 《삼국유사》를 비롯해 조선 고서가 많기로 유명하다. 이들 책은 도쿠가와 이에야스의 소유가 되었다가, 그의 사후 아홉째 아들인 오와리 번주 도쿠가와 요시나오에게 넘겨졌다. 호사 문고의 소장서적을 조사한 나카무라 히데타카의 글을 보면 반출 상황이 미루어 짐작이 된다.

경상도 영산사람인 신연辛璉의 옛 장서가 한몫 건너온 것을 알 수 있다. 그 밖에 명종조의 영의정 이기, 좌의정 윤개, 판서 안위, 선조조의 좌의정 유홍, 참판 이우민, 민여임, 정대년 등 여러 명가名家들의 도장이 찍힌 책 등, 개중에는 수부數部에 달하는 것도 있다. 또 황해도 풍천의 임구, 그 아들 호신, 보신 형제, 동족인 숙영 등 일문의 옛 장서가 전부 보이는 특례도 있다. 더욱이 경연經筵에 비치되었던 《고려사절요》 초인본, 병조에 비치했던 《당태종이위공문대직해》唐太宗李衛公問對直解, 경상도 영산현에 비치했던 《시전대전》詩傳大全, 전라도 광주목의 향교에 비치했던 《서전대전》書傳大全 등도 거기에 찍힌 관인으로 알 수 있다.

中村榮孝,《朝鮮: 風土·民族·傳統》(이진희,《한국과 일본문화》)

도요토미 히데요시의 5대로五大老 가운데 하나였던 마에다 도시이에의 손케이가쿠 문고와 도쿄 세이카도 문고에도 우리나라 고문헌이 많다. 5대로의 하나로 자신의 가신을 임진전쟁에 출전시킨 우에스기 가게카쓰가 약탈해간 책은 요네자와 도서관에 소장되어 있다.

모리 데루모토의 참모였던 쇼가쿠 데이코가 세운 야마구치 현 도슌 지에는 영의정 유성룡의 도서가 찍힌 책과 중종과 인종 때 영의정을 지낸 홍언필이 국왕에게 받은 책이 소장되어 있다.

도쿄 대학 도서관의 아카와 문고, 교토 대학 도서관의 가와이 문고를 비롯해 가네자와 문고, 긴도 문고, 진쇼 문고, 후지미테이 문고 등지에도 숱한 우리 고서가 소장되어 있지만, 이들 문고에는 일제강점기에 반출된 도서가 다수다.

약탈되어 일본으로 건너간 조선 책은 일본 지식사회에 큰 영향을 끼쳤다. 도쿠가와 막부의 문치주의의 근간이 되었을 뿐 아니라, 에도 시대 출판문화 발전의 뿌리가 되었다.

이렇게 일본으로 넘어간 문화재들은 대부분 불법반출이라는 데 문제가 있다. 유엔을 중심으로 불법 유출된 문화재를 원소유국에 돌려주어야 한다는 움직임이 일고 있다. 하지만 일본은 자신들이 소유하고 있는 우리 문화재가 정당한 방법에 의해 취득한 것이라며 반환에 소극적이다.

무엇보다 1965년에 체결된 한일협정이 발목을 잡고 있다. 당시 한국과 일본이 한일협정 부속조약을 체결해 문화재 반환 문제를 일단락지었기 때문이다. 겨우 1,431점의 문화재를 돌려받았을 뿐이다. 불법유출 문화재를 환수하기 위한 근거의 마련과 정부 차원의 노력이 절실한 상황이다.

참고문헌

이홍직, 〈임진왜란과 고전유실〉,《한국고문화논고》, 1954.

정규홍,《우리 문화재 반출사》, 학연문화사, 2012.

김경임,《약탈 문화재의 세계사》 2, 홍익출판사, 2017.

이진희,《한국과 일본문화》, 을유문화사, 1982.

기타지마 만지,《도요토미 히데요시의 조선 침략》(김유성 옮김),
　경인문화사, 2008.

아라이 신이치, 〈문화재의 반환에 대하여〉, 이태진, 와다 하루키 외 공편,
《한일 역사문제의 핵심을 어떻게 풀 것인가》, 지식산업사, 2013.

도자기전쟁: 첨단 하이테크
기술을 탈취하라

도자기전쟁! 임진전쟁의 또 다른 이름이다. 왜 이런 이름이 붙은 것일까? 전쟁에 나선 일본의 영주들은 누가 더 많이 사로잡는지 내기라도 하듯이 조선 도공을 납치하였다. 일본으로 끌려간 도공의 수가 얼마인지 알 수조차 없다. 전쟁후 조선 도공의 손에 의해 일본 도자기문화가 꽃핀 사실로 미루어 짐작할 수밖에.

임진전쟁 전까지 일본은 자기를 만들 줄 몰랐다. 일본에서는 도기만 생산되었다. 도기문화에서 자기문화로의 변모는 하이테크 혁명과도 같은 것이었다. 일본 도자기문화의 발전과 반비례하여 기술자를 잃은 조선의 도자기문화는 회복불능 수준의 심각한 타격을 입었다.

고향을 잊을 수 없습니다

납치된 몸으로 일본에서 살아야 했던 조선 도공들의 슬픈 삶을 처음 접한 것은 시바 료타로의 작품 《고향을 잊을 수 없습니다》故郷 忘じがたく候를 통해서였다. 끌려간 지 수백 년이 지났건만 아직도 고향을 잊지 못하는, 숙명처럼 도공의 가업을 이어가면서 그 속에 조선의 혼을 담아내려 애쓴 가고시마 현 심수관가의 이야기였다.

심수관가의 이야기와 그들이 일군 도자문화는 1998년 서울 일민 미술관에서 열린 '400년 만의 귀향전'에서 다시 만날 수 있었다. 가장 깊이 가슴에 남는 작품은 심수관가의 시조 심당길이 빚은 〈불만〉이란 이름의 찻잔이었다. 단순 소박한 모양의 찻잔이 새로울 건 없었다. 가슴이 뜨거워진 건 이름과 그 속에 담긴 사연 때문이었다. '흙도 조선 흙, 유약도 조선 유약, 만든 사람도 조선 도공인데, 가마에 사용한 불만 일본 나무를 사용했다는 의미에서 붙은 이름이었다.

일본에서는 무로마치 시대 말기부터 차를 마시는 문화가 성행하였다. 선승들 사이에서 시작된 다도가 무사들에게 전파되면서, 다도 미의식에 탐닉한 영주들은 차 도구 수집에 열을 올렸다. 단연 최고의 찻잔은 조선에서 구운 도자기 찻잔이었다. 오다 노부나가는 다완(찻잔)정치를 펼쳤다. 황금다실을 차려놓고 다회茶會를 여는 한편, 영주들에게 명품 조선 찻잔을 선물하였다. 당시 고급 명품 찻잔 한 개의 가치가 성城 한 채의 값에 필적할 정도였다고 한다.

이런 속에서 조선으로 출병한 영주들이 조선의 도자기 수집과 도공 납치에 혈안이 되었을 것은 불을 보듯 훤하다. 사쓰마 영주 시마즈 요시히로는 여러 개의 가죽부대에 조선의 다기를 넣어 귀국하였으며, 숱한 조선 도공을 사로잡아 자신의 영지로 데려갔다. 그는 자신의 저택 안에 가마터를 만들어 방중을 비롯한 조선 도공들에게 도자기를 굽게 하였다. 또한 찻잔을 굽는 데 쓸 흙까지 막대한 분량을 조선에서 실어갔다.

훨씬 극적인 일은 시바 료타로의 작품에 등장하는 나에시로가와 (지금의 미야마) 마을 사람들의 이야기일 것이다. 에도 시대 후기의 기행문에는 이 마을의 모습이 이렇게 쓰여 있다.

사쓰마의 가고시마鹿兒島 성으로부터 7리(일본의 1리는 우리 기준으로는 70리-저자 주) 서쪽의 나에시로가와苗代川라는 곳은 한 마을 전체가 조선인이다. 옛날에 다이코太閤 히데요시의 조선 정벌시 이 지방의 영주가 한 마을의 남녀노소를 포로로 잡아 데리고 와, 사쓰마에서 그들 조선 사람들에게 한 마을의 토지를 내려주어 영구히 이 지방에 살게 하였다. 지금에 이르러 그 자손대대로 조선의 풍속을 따르니 의복, 언어도 모두 조선인이며, 해마다 번창하여 수백 가구에 이른다.

橘南谿,《西遊記》
(기타지마 만지,《도요토미 히데요시의 조선 침략》(김유성 옮김))

임진전쟁 때 연행된 조선 도공들이 마을을 이루어 집단 거주하였으며, 이 글이 쓰인 18세기 후반까지 말을 비롯한 조선의 풍속을 유지하고 있었음을 알 수 있다. 이 마을은 시마즈에 연행된 조선인

규슈 가고시마 심수관가의 조선식 가마(아래)와 〈불만〉이라는 이름의 찻잔.

43명이 정착한 곳이다. 나에시로가와 사람들은 그 후로도 계속 '일본 속의 조선'으로 마을의 정체성을 유지하였다. 하지만 메이지 유신 이후 차별과 박해가 강화된데다 조선이 일본의 식민지가 되자 더 이상 고국에 대한 자부심을 지탱할 수 없었다.

이 마을에서 태어난 전설적인 인물이 있다. 태평양전쟁 때 일본 외무대신을 지낸 도고 시게노리다. 그의 어릴 적 이름은 박무덕이 었으며, 아버지대까지 도공의 삶을 살았다. 그의 아버지는 메이지 유신 직후 정한론이 기승을 부리자 일본식 이름으로 바꾸었다. 마을의 다른 사람들도 마찬가지였다.

일본 속의 조선 도공 마을

미야마 마을 사람들은 대부분 1597년 정유전쟁 때 남원에서 사로잡혔다고 한다. 시마즈 군은 남원 일대를 돌아다니며 도공들을 납치하였다. 그 가운데는 김해, 고령 등에서 사로잡힌 도공들도 있었다. 그들이 어떤 경로를 따라 일본 땅으로 이동했는지 자세한 내용은 알 길이 없지만, 1598년 겨울에 규슈 남단 지금의 가고시마 현 구시키노 어촌 부근에 도착하였다.

시마즈 군은 연행해온 사람들을 포구에 내려놓고 가버렸다. 포로들을 신경 쓸 여유가 전혀 없었다. 일본의 패권을 놓고 다시금 도쿠가와 파와 도요토미 파가 일대 격전을 벌일 일촉즉발의 상황이었던 것이다. 시마즈 요시히로도 곧장 교토로 달려갔다.

바닷가에 버려진 사람들은 먹고 살 길을 스스로 마련해야 하였다. 그들은 도자기를 구워 겨우 목숨을 이어나갔다. 하지만 전쟁을 치른 적국 포로에 대한 일본인들의 시선은 차가웠다. 황무지를 개간해 애써 밭을 일구어놓으면 원주민들이 몰려와 망쳐놓곤 하였다. 기회를 엿보아 고국으로 탈출하려던 계획도 불발에 그치고 말았다.

몇 해가 흐른 뒤 그들은 내륙 쪽으로 20여 리를 옮겨간 끝에 한곳에 정착하게 된다. 지금의 미야마 마을이다. 그곳에 정착하기까지의 고난은 말로 설명하기 어려울 정도였다. 그 사이에 시마즈 요시히로가 사쓰마로 돌아왔다. 새로운 패자가 된 도쿠가와 이에야스의 반대편에 섰지만, 그는 운 좋게도 목숨을 보존할 수 있었다. 정권의 안정을 되찾은 시마즈는 그제서야 자신이 데려온 도공들에게 생각이 미쳤다.

시마즈는 도공들에게 토지를 내어주고 조세와 군역을 면제해주었다. 그 대신 조선 도공들은 도자기를 제작해 번에 납품해야 하였다. 시마즈는 도공의 중심인물이었던 박평의를 촌장에 임명하고 자치를 허용하였다. 심수관의 선조인 심당길(심찬)은 무관이었다는 기록이 있는 것으로 보아 도공이 아니었던 듯하다. 하지만 그도 생계를 위해 도예를 배웠다.

미야마 마을의 도자기는 박평의가 양질의 백토를 찾아내고 유약용 졸참나무를 발견함으로써 비약적인 발전을 이루게 된다. 시마즈는 나에시로가와를 번립**립立 공장으로 만들었다. 이곳에서 구워낸 조선 백자를 닮은 백색 도자기는 시마즈 집안과 지배층에서 사용하였다. 도공들은 서민용 도자기도 구워냈다. 검은 빛을 띤 서민용 도자기는 백색 도자기에 비해 질이 떨어졌지만, 서민 취향의 파격과 창의성이 특징이었다.

생활이 안정되어가자 도공들은 고국에 대한 그리움을 담아 옥산궁을 건립하였다. 옥산궁은 조선식 사당으로 단군을 제사 지냈다. 지금은 신사로 바뀐 옥산궁의 내력을 적은 문서에는 단군이 나에시로가와로 건너와 뜨거운 불꽃을 뿜어내는 가마의 수호신이 되었다고 적혀 있다. 사쓰마 번에서도 도공 마을의 독립성을 인정해주었다. 마을 사람들은 혼인도 주로 조선인끼리 함으로써 조선 도공 마을의 순수성을 유지하였다. 사쓰마 번이 도공마을의 독립성과 조선 문화의 보존을 허용한 것은 자신들의 이국적 취향을 과시하기 위한 측면이 있었다.

일본 도자의 신 이삼평

사쓰마 도자기보다 더 유명세가 높은 일본 도자기의 메카는 아리타이다. 아리타 도자기는 일본 국내뿐 아니라 세계적으로 널리 알려져 있다. 아리타 도자기의 명성은 1867년 파리 만국박람회에서 대상을 수상함으로써 일찍이 입증되었다. 그 아리타 도자기의 기반을 다진 사람은 조선인 이삼평이었다. 그는 '일본 도자의 신'으로 추앙받고 있다. 사가 현 아리타에 있는 도잔신사 뒷산에는 '도조陶祖이삼평비'가 높이 솟아 있다.

이삼평의 본명이 무엇인지는 현재 알 수 없다. 이삼평이라는 이름

사가 현 아리타의 이삼평 추모비. 이삼평은 '일본 도자의 신'으로 추앙받고 있다.

은 그의 일본식 이름 가나가에 산페金ヶ江三兵衛에서 유추한 것이다. 그는 사가 현에 제출한 문서에서 자신이 조선인임을 분명히 밝히고 있다. 그가 자신의 고향 '금강도'金江島에서 성을 따오고, 이름을 일본식으로 바꾸었다는 문서도 전한다. 사람들은 금강도를 충청남도 공주로 비정하고 있다.

일본인들은 일본 도자기의 역사가 1616년 6월 1일 아리타에서 시작되었다고 말한다. 이날 이삼평이 아리타 지역에서 백자광白磁鑛을 찾아냈기 때문이다. 이삼평을 포함한 조선에서 연행된 도공 18명은 이해에 아리타로 이주하였다. 그리고 조선식 가마를 설치해 일본에서는 불가능했던 1, 300도의 고온에서 자기를 구워냈다.

아버지와 어머니! 우리는 당신들과 작별인사도 못하고 이별했지만 이렇게 일본 땅에서 살고 있습니다. 저는 새로운 가족과 함께 일본에서 조선에서 구웠던 것과 같은 도자기를 굽고 있습니다. 언젠가 우리 가족은 이 도자기를 가지고 반드시 조국으로 돌아갈 것입니다.

구로카미 슈텐도,《일본 도자기의 신, 사기장 이삼평》(김창복 외 옮김)

일본 작가 구로카미 슈텐도의 소설 대목이다. 자신의 의지와 관계없이 끌려간 나라에서 도자기의 원료를 찾아내고 조선식으로 도자기를 굽던 그의 마음은 어떠했을까. 사가 현은 이삼평을 '대은인' 大恩人이라고 생각한다. 그만큼 아리타 도자기의 발전에 기여한 그의 발자취가 커서일 것이다. 하지만 이삼평은 개인이 아니라 전쟁통에 끌려간 숱한 조선 도공들의 집합임을 잊어서는 안된다.

아리타에서 얼마쯤 산속으로 고개를 넘어 들어가면 오카와치야마라는 숨겨진 도자기마을이 나타난다. 나베시마 번(지금의 사가 현)에서 도자기 기술이 다른 곳으로 새지 않도록 관리하기 위해 깊은 산중으로 가마를 옮겼던 것이다. 그 유배지 같은 마을에 가면 도처에서 조선 도공의 흔적을 만날 수 있다. '고려인교' '고려인의 묘' 같은 지명은 물론 묘역에서 이李씨, 김金씨, 신辛씨 같은 비석을 만날 수 있다. 도공의 묘에는 무연고 도공 880여 명이 묻혀 있다. 대부분 조선 도공의 후예가 아닐까 하는 생각에 옷깃을 여미지 않을 수 없다.

도자기 기술이 다른 곳으로 새지 않도록 깊은 산속에 세운 도자기마을
오카와치야마. 곳곳에 '고려인교' '고려인의 묘' 같은 조선 도공의 흔적이 남아 있다.

얼마나 많은 도공이 끌려 갔을까

아리타 지역에 이름이 전하는 조선 도공 가운데 김해에서 끌려온 김종전과 백파선 부부가 있다. 김종전도 큰 발자취를 남겼지만, 백파선은 96세까지 장수하며 도공들의 정신적 지주가 되었다. 작가 무라타 기요코의 소설 가운데 《백년가약》이라는 작품이 있다. 백파선과 그의 남편 김종전을 소재로 한 소설이다.

아리타에 맞닿아 있는 나가사키 현 하사미도 도자기로 유명한 곳이다. 하사미 마을의 도조陶祖는 조선인 포로 이우경이다. 하사미 사람들은 이우경을 기리는 도조비 앞에서 해마다 제사를 지낸다. 도자기 제조기술을 전해준 은혜를 잊지 않기 위해서다.

지금의 야마구치 현에 가면 하기萩 도자기가 유명하다. 하기 도자기의 시조는 조슈 번(야마구치 현의 옛 이름) 번주 모리 데루모토에 의해 진주에서 끌려간 이작광, 이경 형제이다. 이들 외에도 하기 도자기의 발전에 기여한 조선인 사기장이 다섯 명 더 있었다고 전한다. 하기 도자기의 원조가 울산에서 납치된 이낭자라는 여성 도공이라는 설도 전한다.

그 밖에도 구로다 나가마사가 끌고 간 도공에 의해 시작된 후쿠오카의 다카토리 도자기를 비롯해 나가사키의 미카와치 도자기와 히라도 도자기, 구마모토의 야쓰시로 도자기 등 조선 도공들의 손으로 시작된 도자기 가마는 많다.

조선 도공을 납치해 도자기 산업을 일으킨 영주들은 큰 부를 축적하였다. 나중에는 유럽에 도자기를 수출해 산업화에 필요한 재원을 축적하게 된다. 뿐만이 아니다. 가마를 만들고 불을 다루는 기술은 일본 제철산업이 발전하는 밑거름이 되었다. 사가 번, 사쓰마 번, 조슈 번 등 조선 도공을 많이 끌고 간 지역이 도자기로 돈을 벌고 대포와 군함을 만들어 메이지 유신의 주역이 된 사실은 씁쓸한 뒷맛을 안겨준다.

참고문헌

이미숙, 《400년 전의 도자기 전쟁: 임진왜란과 조선사기장》, 명경사, 2013.

황정덕 외, 《임진왜란과 히라도 미카와치 사기장》, 동북아역사재단, 2010.

구로카미 슈텐도, 《일본 도자기의 신, 사기장 이삼평》(김창복 외 옮김), 지식과감성, 2015.

무라타 기요코, 《백년가약》(이길진 옮김), 솔, 2007.

기타지마 만지, 《도요토미 히데요시의 조선 침략》(김유성 옮김), 경인문화사, 2008.

司馬遼太郞, 《故鄕忘じがたく候》, 文藝春秋, 1968.

名越二荒之助 編著, 《日韓2000年の真実》, ジュピター出版, 1999.

주자학을 전한
프로메테우스 포로 유학자들

　대륙정벌을 꿈꾸던 도요토미 히데요시가 허무하게 죽은 다음 일
본 천하는 도쿠가와 이에야스의 것이 되었다. 도쿠가와는 끝없는 전
란과 하극상이 판치는 피비린내의 소용돌이에서 벗어나고 싶었다.

　천하를 평정하고 교토에 올라온 도쿠가와는 1600년 10월에 젊은
승려 후지와라 세이카를 불러《대학》을 강의하게 하였다. 후지와
라 세이카가 승려 신분이지만 유학에도 능했기 때문이다. 그런데
도쿠가와 앞에 나타난 후지와라의 모습이 기괴하였다. 승복이 아닌
심의도복深衣道服을 입고 있었던 것이다.

　이것은 단순한 옷차림의 문제를 넘어 일본 사상사에 한 획을 긋는
사건이었다. 후지와라 세이카의 제자이자 에도 유학의 기초를 다진
하야시 라잔은 이 사건을 가리켜 '일본 유학의 기원'이라고 그 의미
를 부여하였다. 승려이자 유학자였던 후지와라는 승복을 벗고 유가
의 옷을 입음으로써 명실상부하게 유학자로 자립하게 되었으며, 여

기서부터 주자학이 중심이 되는 에도 유학이 시작되었다는 것이다.

당시까지 일본 유학은 한나라, 당나라 시대의 학문 방법론에 머물러 있었다. 그나마 소수의 세습 가문에 독점된 채 일반 백성들의 생활과는 유리되어 있었다. 사상적으로 일본 사회를 지배하는 것은 불교였고, 지식인 대접을 받는 사람들은 대부분 승려였다. 승려들이 조정과 영주들의 정책 브레인, 외교 고문, 문서출납 등의 중요한 역할을 독점하였다. 송나라에 유학한 선승 가운데 일부가 주자학에 관심을 기울이기는 하였으나, 그것은 어디까지나 불교를 보조하는 학문으로서였다.

이때 도쿠가와 곁에는 사이쇼 쇼타이와 겐보 레잔 같은 학승이 있었다. 이들은 세속으로 돌아갔다며 후지와라 세이카를 비판하였다. 후지와라는 군자의 도리를 따르려는 것이라고 응답하여 유불논쟁이 전개되었다.

시대는 변하고 있었다. 일본은 중세사회에서 근세사회로 넘어가는 과도기였다. 자연히 변화하는 시대에 맞는 새로운 사상이 요구되었다. 그 같은 흐름 속에서 주자학으로 대표되는 새로운 사상을 개척한 것은 후지와라 세이카와 그를 중심으로 한 유학자들이었다.

일본 주자학의 숨은 스승 강항

이 극적인 사건 전개의 이면에서 우리는 일본으로 끌려가 머물고 있던 조선인 포로를 만나게 된다. 대표적인 인물은 강항이었다. 강

강항을 추모하기 위해 세운 영광 내산서원에 소장되어 있는《간양록》필사본을
비롯한 강항의 저술.

항과 후지와라 세이카의 운명적인 만남이 있었기에 일본 주자학은
첫걸음을 내디딜 수 있었다. 도요토미의 조선 침략이 일본 유학에
는 축복이었으니, 이 또한 역사의 아이러니가 아닐 수 없다.

강항은 조선에서 주자학이 가장 꽃피던 시절에 학문을 연마하고,
과거에 급제해 교서관 박사 등을 지냈다. 그는 정유전쟁 초기의 남
원성싸움에 참전해 군량을 공급하는 일을 맡았다. 남원성이 함락
된 다음 고향 영광으로 돌아가 식솔을 이끌고 피난 가던 중 명량해
전에서 이순신에게 참패한 일본 수군에 사로잡히는 몸이 되었다.

강항은 시코쿠 지방에 위치한 지금의 에히메 현 오즈 성으로 끌
려갔다. 강항을 사로잡은 장수가 오즈 성주의 부하였기 때문이다.
강항이 절망 속에서 무너져 내리는 몸을 추스릴 수 있었던 것은 치

도요토미 히데요시가 자신의 은거후 거처로 삼기 위해 교토 인근에 지은
후시미 성(《洛中洛外圖》 부분확대).《간양록》에는 강항이 관찰한 후시미 성에 관한
기록이 담겨 있다.

욕을 씻고 뒷날을 도모하기 위해서였다. 의미 없이 죽게 되면 오히
려 부끄러움을 씻을 수 없기 때문이었다.

1598년 6월에 강항은 교토의 후시미 성으로 이송되었다. 강항이
후지와라 세이카를 만난 것은 후시미에서였다. 감시 속에서도 강항
은 일본의 실정을 알기 위해 자신을 찾아오는 승려들과 교류하였
다. 고전에 조예가 깊었던 후지와라 세이카는 강항을 통해 조선 주
자학에 대한 이해를 깊이 할 수 있었다.

후지와라는 1590년에 교토를 방문한 조선통신사와 교류하면서
정주학에 본격적으로 관심을 갖기 시작한 터였다. 특히 당시 종사관

으로 도일한 허성의 성리설에 큰 감화를 받았다고 한다. 주자학에
관심이 높아진 후지와라는 신유학을 배우기 위해 명나라와 조선에
가려 하였으나 실패하였다. 그런 다음 조선인 유학자 강항을 만났던
것이다.

강항과 후지와라의 교류는 3년 동안 이어졌다. 전쟁을 통해 가족
을 잃는 아픔을 겪은 강항과 명분 없는 전쟁의 참혹함을 지켜본 후
지와라는 서로 공감하는 부분이 컸다. 후지와라는 '명나라와 조선
이 일본을 점령했으면 좋겠다'는 취지의 말을 할 정도로 강항의 처
지를 동정하고 유학에 깊은 애정을 보였다.

후지와라 세이카는 강항의 도움을 받아 《사서오경왜훈》四書五經倭
訓을 출간하였다. 정자, 주자의 해석에 근거해 사서오경에 주석을
단 책이다. 사서오경을 정서하는 작업에는 강항 외에도 포로로 와
있던 십수 명의 조선 선비들이 참여하였다. 이 책은 일본 최초의 성
리학 교과서였다. 이 책이 완성됨으로써 일본 유학은 한漢·당唐 유
학에서 본격적인 주자학의 시대로 전환될 수 있었다. 《사서오경왜
훈》을 간행하는 데 재정을 댄 사람은 다케다 성주 아카마쓰 히로
미치였다. 그는 후지와라 세이카를 물심양면으로 후원하였으며, 강
항과도 교류하였다.

조선 침략으로 유학자만이 아니라 많은 유교 경전이 일본으로 약탈
되었다. 이들 서적이 일본 주자학의 발전에 기여했음은 말할 필요도
없다. 가장 대표적인 책은 《연평문답》延平問答과 《천명도설》이다. 《연평
문답》은 주자가 엮은 책으로 후지와라 세이카가 대단히 귀하게 여겼
다. 후지와라가 탐독한 책은 퇴계 이황이 교각하고 발문을 붙여 간행

한 조선본이었다.《천명도설》은 정지운이 이황의 교열을 받아 저술한 책으로 이황과 기대승 사이에 '사단칠정론' 논쟁의 발단이 되었다.

강항은 후지와라와 아카마쓰의 도움으로 1600년 조선으로 귀국하였다. 살아남은 강항의 식솔 10명과 끌려갔던 선비들, 사공의 가족을 합쳐 모두 38명이 귀국선에 올랐다. 후지와라는 강항이 귀국한 다음 주자학의 발전에 진력하였다. 그의 문하에서 4천왕이라고 불리는 하야시 라잔, 마쓰나가 세키고, 호리 교안, 나와 갓쇼 같은 유학자들이 배출되었다. 그 가운데 일본 주자학의 발전에 가장 큰 역할을 한 사람은 하야시 라잔이다. 하야시 라잔은 세이카의 추천으로 도쿠가와 이에야스의 시강侍講이 되었으며, '사상계의 쇼군'이라 불릴 만큼 큰 영향력을 행사하였다.

일본 사상사에서 에도 시대가 그에 앞선 시대와 구별되는 특징의 하나는 유교사상이 일반 민중들의 생활 속에 뿌리내린 일이다. 농공상의 신분제도, 가족 도덕인 효孝, 무사의 주종관계를 규정하는 충忠 사상이 사회윤리로 확립되었다. 이 같은 사회변화 속에서 지방의 영주들도 유학자들을 가신으로 중용하였다.

강항은 일본 주자학의 입장에서 보면 인간에게 불을 전해준 그리스 신화 속의 프로메테우스 같은 존재다. 일본 국립공문서관에는 포로 생활중 강항이 정서한 사서오경을 비롯한 친필본이 지금까지 보존되어 있다고 한다. 덴리 대학에도 강항이 후지와라 세이카와 나눈 필담대화록 등이 남아 있다. 에히메 현 오즈 시민회관 앞에는 그를 기리는 '홍유鴻儒강항현창비'가 서 있다.

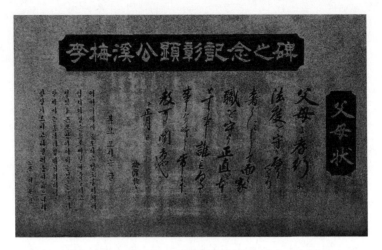

기슈 번 유학의 창시자인 조선인 포로 이진영의 아들 이매계 현창비. 이매계의
친필 글씨 왼쪽에는 이은상이 번역한 한글이 병기되어 있다.

현해탄에 핀 매화

임진전쟁 때 일본으로 끌려간 조선 유학자들의 수는 결코 적지
않았다. 정희득, 정경득 형제를 비롯하여 노인, 정호인 같은 사람들
은 다행히 나중에 조선으로 돌아왔지만, 대부분은 낯선 일본 땅에
서 생을 마감해야 하였다. 그 가운데는 지금의 와카야마 지방과 사
가 지방의 유학 발전에 큰 발자취를 남기고 역사 속에 묻혀 있다가
최근 발굴된 사례도 있다.

1992년 임진전쟁 400주년을 맞아 〈현해탄에 핀 매화〉라는 한일
합작 창극이 무대에 올랐다. 지금의 와카야마 현에 해당하는 기슈
번 유학의 창시자인 이진영, 이매계('매계'는 호이고, 이름은 '전직') 부

자의 일생을 다룬 작품이다.

이진영은 일본군과 싸우다가 포로가 되어 일본으로 끌려갔다. 그의 나이 스물세 살 때의 일이었다. 실의의 나날을 보내던 이진영은 해선사라는 절에 머물며 주자학을 가르쳤다. 신하가 되어달라는 기슈 번주 도쿠가와 요리노부의 부탁을 '두 사람의 군주를 섬길 수 없다'며 거절하였지만, 요리노부는 이진영을 자신에게 학문을 강의하는 시강으로 초빙하였다. 이진영은 요리노부에게 국민을 기본으로 삼을 것과 덕으로 국민을 다스릴 것을 진언하였다.

이진영이 죽자 도쿠가와 요리노부는 이진영의 아들에게 그 직을 승계하게 하였다. 부친의 학문을 이어받은 이진영의 아들 이매계 역시 학문이 뛰어났다. 이매계가 지은 〈부모장〉父母狀은 기슈 번의 교육지침서가 되어 사람들이 아침저녁으로 봉송하였다.

당시의 일본은 부모를 살해하는 일이 잦을 만큼 인륜과 효에 대한 개념이 희박한 나라였다. 이진영, 이매계 부자는 사람들에게 효행과 미풍양속을 가르친 기슈 유학의 창시자로 이름을 전하고 있다.

사가 유학의 비조 홍호연

이진영처럼 포로로 끌려가 규슈 사가 유학의 비조가 된 사람의 이름 또한 오늘에 전한다. 홍호연이다. 그는 열두 살의 어린 나이에 포로가 되었다. 어려서부터 시와 서예에 능하고 피난 중에도 손에서 책을 놓지 않던 그를 사가 번주 나베시마 나오시게가 눈여겨보

왔다. 홍호연은 같은 나이 또래였던 번주 아들 나베시마 가쓰시게의 친구가 되고, 교토에 유학해 학문을 연마하였다.

사가로 돌아온 홍호연은 번주 자리에 오른 가쓰시게의 가신이 되어 사람들에게 유학을 가르쳤다. 홍호연은 꾸준히 정진하여 문필가로서뿐 아니라 서예가로 명성을 얻었다. 그는 혹부리 글씨체라는 독특한 자신만의 서체를 일구었다. 국립 진주박물관은 2010년 홍호연의 글씨와 유품을 선보이는 전시를 개최하였다.

고국이 그리웠던 홍호연은 70세 노년의 나이에 귀국길에 오르려 하였다. 하지만 번주 가쓰시게의 만류로 뜻을 이루지 못하였다. 그러다가 생의 대부분을 함께한 가쓰시게가 죽자 그 역시 스스로 생을 마감하였다.

그의 유언은 '참을 인忍'이었다고 한다. 영주의 총애를 받았음에도 불구하고 적국에서 살아남기 위해 견뎌야 했을 전쟁포로의 슬픈 삶이 엿보인다. 그가 죽음을 선택한 것은 포로의 후예인 자신의 자손들이 그 낙인에서 벗어날 수 있도록 해주고 싶어서였을 것이다. 홍호연의 후손들은 지금도 선조의 성인 홍洪씨 성을 쓰고 있다.

참고문헌

강항, 《간양록》(김찬순 옮김), 보리, 2006.

국립진주박물관, 《임진왜란 조선인 포로의 기억: 2010 국제교류전》, 2010.

노성환, 《임란포로, 끌려간 사람들의 이야기》, 박문사, 2015.

姜在彦, 《玄界灘に架けた歴史》, 朝日新聞社, 1993.

村上恒夫, 《姜沆:儒教を伝えた虜囚の足跡》, 明石書店, 1999.

名越二荒之助 編著, 《日韓2000年の真実》, ジュピタ-出版, 1999.

上垣外憲一, 《日本文化交流小史》, 中央公論新社, 2000.

전대미문의 국서 개작 사기극

임진전쟁이 끝난 지 8년 만에 국교를 정상화하다

임진전쟁의 참화를 겪은 조선은 일본을 '영원히 함께할 수 없는 원수'라고 여겼다. 그런 조선과 일본은 전쟁이 끝난 지 8년 만에 국교를 정상화하였다. 어떻게 그렇게 빨리 관계가 회복될 수 있었을까?

도요토미 히데요시가 죽은 다음 세키가하라 전투에서 승리해 일본의 패권을 장악한 도쿠가와 이에야스는 조선과의 국교 회복을 서둘렀다. 그는 쓰시마 도주 소 요시토시에게 조선에 서신을 보내 국교 수립을 바라는 자신의 뜻을 전할 것을 지시하였다.

소 요시토시야말로 누구보다 간절히 두 나라 사이의 국교 정상화를 바라고 있었다. 쓰시마가 살 수 있는 길은 조선과의 관계 회복뿐이었다. 쓰시마는 한반도와 일본 사이에 위치한 지리적 이점을 이용하여 두 나라 사이의 무역을 통해 생존해왔다. 조선 조정은 왜구

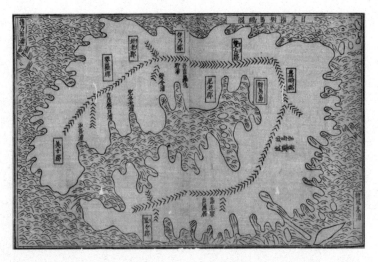

1443(세종 25)년 서장관으로 일본에 다녀온 신숙주가 지은 《해동제국기》 속의 쓰시마.

의 침탈을 막기 위한 회유책의 일환으로 쓰시마에 여러 가지 교역 상의 특권을 부여하였다. 그 같은 특권은 임진전쟁으로 모두 물거 품이 되어버렸다. 원치 않는 전쟁의 선봉에 서고, 최일선 병참기지 노릇을 해야 했던 쓰시마의 피폐상은 이루 말로 표현할 수 없었다. 그리하여 전쟁 다음해부터 거듭 조선에 사신을 보내 화평 관계를 맺기 위해 노력하던 중이었다.

　도쿠가와 이에야스의 지시를 받은 소 요시토시는 1601년 2월 조 선에 사신을 파견하였다. 사신은 도요토미 히데요시가 일으킨 전쟁 범죄를 사죄하고, 아울러 과거와 같은 선린관계로 돌아갈 것을 청 하였다. 조선의 거부 기류를 누그러뜨리기 위해 소 요시토시는 일 본으로 잡혀간 조선인 포로 일부를 되돌려 보내는 등 나름의 성의를 표하였다.

조선은 일본의 진의를 신뢰할 수 없었다. 이 무렵 일본 쓰시마로 끌려갔다가 귀국한 하동 출신 김광의 상소가 논란이 되었다. '화친을 허락하지 않으면 일본이 재침략할 것'이라는 내용이었다. 조선 조정은 일본의 사정을 탐색하기 위해 사신을 파견하기로 결정하였다. 탐적사探賊使라고 이름붙인 사신단의 정사에는 승군을 이끌고 싸웠으며 강화회담에 참가한 적이 있는 사명대사가 임명되었다.

1604년 8월 사명대사 일행은 쓰시마에 도착하였다. 소 요시토시는 도쿠가와 이에야스의 요청이라며 일행을 교토로 안내하였다. 도쿠가와는 칩거하고 있던 순푸 성(오늘의 시즈오카)에서 교토 후시미로 나와 사명대사 일행을 맞았다. 도쿠가와는 '전쟁은 도요토미가 일으킨 것으로 나는 병사 한 사람도 보내지 않았다. 조선 조정과 도쿠가와 집안은 서로 미워할 이유가 없으니, 하루빨리 선린관계를 회복하자'고 하였다. 사명대사 일행은 조선인 포로 3천여 명을 데리고 귀국하였다.

서둘러 국교를 재개한 이유는 무엇인가

도쿠가와 정권이 조선과 평화로운 관계를 바란다는 사실은 확인되었다. 그렇지만 국교 재개를 위해서는 명분이 필요했다. 조선 조정은 3가지 조건을 내걸었다. 첫째, 도쿠가와 이에야스의 국서를 보낼 것. 둘째, 왕릉(선릉과 정릉)을 파헤친 범인을 잡아 보낼 것. 셋째,

피로인被擄人을 모두 돌려보낼 것.

쉽지 않은 난제들이었음에도 1606년 11월 국서를 휴대한 일본 사신이 바다를 건너왔다. 그리고 왕릉을 파헤친 범인 두 사람을 조선에 인도하였다. 피로인을 찾아 돌려보내는 일은 시일이 걸리므로 차츰 이행하겠다고 약속하였다. 왕릉 도굴범이라고 꾸민 자들은 진범이 아니라 사실은 쓰시마 내에 수감되어 있던 죄수들이었다.

조선 조정이 내건 주장이 표면적으로는 모두 받아들여졌다. 나라의 체면이 섰으므로 조선은 일본과 강화를 체결하기로 하였다. 1607년 '회답 겸 쇄환사'라는 이름의 사신이 파견되었다. 정식 사신이 파견되어 국서가 교환됨으로써, 두 나라의 국교는 다시 정상화되었다.

이처럼 두 나라가 국교 회복을 서두른 이유는 무엇일까? 조선의 입장에서는 오랜 전쟁으로 피폐해진 국토를 되살리고 무너진 나라의 체계를 바로세우는 일이 시급하였다. 한반도를 둘러싼 정세가 숨가쁘게 돌아가는 점도 영향을 미쳤다. 만주에서 강력한 세력을 키우고 있던 후금 세력에 대비하기 위해서는 일본과의 관계회복이 필요하였다. 일본이 재침략할 가능성을 배제할 수 없었던데다, 전근대적인 의식 속에서 도쿠가와 이에야스가 도요토미 히데요시를 타도함으로써 원한을 대신 갚아주었다는 인식도 작용하였다.

일본이 조선과의 강화 교섭을 서두른 이유는 무엇보다 도쿠가와 정권의 안정과 정통성 확보에 도움이 되기 때문이었다. 조선과의 국교 정상화는 곧 일본을 대표하는 정권으로 인정받는 문제였다. 일본 역시 후금의 성장에 두려움을 느끼고 있었다. 명나라와 조선의 보복 침공뿐 아니라 과거 몽골의 침입처럼 후금의 동향에도 대비해

조선통신사 행렬도 속의 국서 운반 모습.

야 하였다. 조선과의 관계를 회복함으로써 과거의 영화를 지속하고
싶었던 쓰시마의 입장이야 말할 것도 없다. 도쿠가와 이에야스는
국교 회복에 큰 공을 세운 소 요시토시에게 규슈 지방에 2,800석의
봉록을 늘려주었다.

전대미문의 사기극, 백일하에 드러나다

새로운 시대를 향해 순조롭게 나아가는 듯싶던 두 나라 사이에
돌연 암운이 들이닥쳤다. 국서 개작이라고 하는 사기극이 백일하에
드러난 것이다. 1606년과 1607년에 국교 회복을 위해 오간 국서와
그 후의 국서까지 모두 임의로 위조되었음이 밝혀졌다.

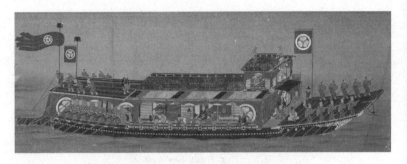

국서를 운반하는 배가 요도가와를 거슬러오르는 광경을 그린 〈국서누선도〉.

베일에 싸여 있던 사건은 두 나라 사이에 국교가 재개된 지 26년 후인 1633년에서야 그 실체가 드러났다. 국서를 위조한 실행주체는 쓰시마 번이었다. 쓰시마 도주의 가신 야나가와 시게오키가 막부에 국서 위조 사실을 폭로함으로써 쟁송이 발생하게 되었다.

당시 에도에 머무르고 있던 구마모토 번주 호소카와 다다토시가 자신의 아버지에게 쓴 편지에는 사건의 개요가 이렇게 적혀 있다.

소 요시나리와 야나가와 시게오키 사이에 소송이 벌어지고 있습니다. 조선에서 온 문서와 쇼군께서 조선에 보낸 문서까지 대대로 쓰시마 도주가 개작하고 도장까지 위조해 양쪽에 전달해주었다고 합니다. 처벌을 받을 것으로 생각되는데, 흥미롭게도 옛날 아시카가 다카우지 시대부터 도요토미 히데요시, 그리고 지금에 이르기까지 이런 일을 계속해왔다는 것입니다. 진상을 밝히기 위해 한창 취조가 진행되는 중입니다. 두 사람에게 죄를 묻는 것으로 끝나면 다행이지만, 사태가 악화되어 조선과의 관계가 틀어질 수도 있습니다. 자칫 또다시 조선으로 출병하게 될 수도 있어 중대한 결단이 될 것으로 쇼군께서 생각하고 있다는 소문입니다.

　福田千鶴,《御家騷動:大名家を搖るがした權力鬪爭》

　놀라운 일이 아닐 수 없다. 당시뿐만 아니라 이미 300여 년 전부터 국서 개작을 밥 먹듯 해왔다는 이야기다. 또한 조선과 관계가 틀어져 자칫 전쟁이 재발할 수도 있는 문제라고 일본 영주들이 인식하고 있었음을 알 수 있다.

　그렇다면 문제가 된 당시 국서 개작의 내용은 무엇이었는가? 먼저 1606년의 도쿠가와 이에야스 국서는 조선이 요구하는 내용과 형식에 맞게 개작한 것으로 판단된다. 지금도 확연히 알 수 있는 사항은 도쿠가와 이에야스의 호칭 부분이다. '日本國 ○○○'를 '日本國王 ○○○'로 고쳐 썼다. 교린체제 속에서 조선과 일본이 대등한 지위여야 한다고 생각한 조선은 조선 국왕과 격을 맞추기 위해 '일본국왕'이라고 표기해줄 것을 요구하였다. 반면 일본은 천황과 쇼군 사이의 관계는 중국의 황제와 왕의 관계와는 다르다며, 실질적 통치자인 쇼군을 관행적으로 '日本國 ○○○'라고 표기해왔던 것이다.

　다음은 1607년 조선에서 일본으로 보낸 국서를 임으로 개작한 내용이다. 원본과 고친 국서를 비교하면, 원본에서 지워진 글자는 24자, 새로 써넣은 글자는 18자이다. 우선 첫머리의 '봉복'奉復이 '봉서'奉書로 바뀌면서, 서신을 받고 회답서를 보낸다는 의미가 사라졌다. 도쿠가와 이에야스가 먼저 국서를 보낸 사실을 숨기고, 마치 조선측에서 먼저 국교를 요청한 것처럼 되었다. 본문 속에서도 '일본이 성의를 보여주어 거기에 답한다'는 내용을 바꾸어버렸다. 막부

1748년 일본을 방문한 조선통신사의 에도 시내 행렬도.

에서 과거의 잘못을 시인하는 부분도 삭제하였다. 마지막으로 별 폭別幅의 선물목록을 수정해 조선에서 마치 많은 물품을 보내는 듯 한 효과를 노렸다.

요약하자면 조선이 일본에 요구하는 내용에 부합하도록 쓰시마 번에서 도쿠가와 이에야스의 국서를 개작하고, 그 답장으로 조선 사신이 가지고 온 조선의 국서를 이번에는 막부의 구미에 맞게 개 작하였다. 조선이 제시한 강화조건을 전달받은 쓰시마 번이 그 내 용을 제대로 막부에 알렸는지, 국서 개작에 앞서 막부와 협의했는 지는 알 수 없다. 분명한 것은 조선의 요구조건이 어려운 과제이긴 했으나, 쓰시마는 그 속에서 희망을 발견하였다. 그만큼 쓰시마의 처지가 막부보다 절박하였다. 도쿠가와 이에야스의 국서를 개작하다 보니, 무리수를 써가며 조선의 국서도 고칠 수밖에 없었다. 국서에 찍는 조선 국왕의 인감까지 위조해 사용하였다.

국서를 개작하는 일은 한 번으로 끝나지 않았다. 1617년과 1624년에도 회답 겸 쇄환사가 일본을 방문하였다. 두 번 모두 쓰시마에서 보낸 가짜 국왕사가 사전에 조선에 파견되었다. 이때도 일본에서 보낸 국서에 '일본 국왕'이라고 되어 있는 것으로 보아, 국서가 개작되었음이 분명하다. 자연히 조선 국서도 개작되었다.

국서 개작, 그 진실은 무엇인가

국서 개작 사건이 드러나자 막부는 진상파악에 나섰다. 2년여에 걸친 조사 끝에 막부는 1635년 3월 당시의 쇼군 도쿠가와 이에미쓰 주재 아래 재판을 열고 이에 대한 판결을 내렸다.

재판은 많은 사람의 예상을 빗나갔다. 사건을 폭로한 야나가와 시게오키의 패소였다. 소 요시나리는 쓰시마 영지를 그대로 보존하였을 뿐 아니라, 조선과의 외교도 이전처럼 해나가도록 보장받았다. 오히려 다음해까지 조선통신사의 방문을 성사시키라는 임무를 부여받았다. 소 요시나리가 입은 타격은 그의 책사였던 외교승 겐보가 유배 처벌을 받은 것뿐이었다.

정상적인 판결이라면 사건의 주모자인 소 씨와 그의 가신으로 국서 개작에 깊이 관여한 야나가와 시게오키 모두 혹은 어느 한쪽이라도 중벌을 받아야 하였다. 철저한 신분제 위계사회에서 임으로 국서를 개작함으로써 도쿠가와 이에야스부터 도쿠가와 이에미쓰까지 3대에 걸쳐 쇼군 가를 능멸했다면 그보다 큰 죄는 없을 것이다. 이를 처벌하지 않는다면 쇼군의 위신이 설 리도 없다.

그런데 패소한 야나가와 시게오키도 유배형에 그쳤다. 중형을 받은 것은 그의 밑에서 실무를 책임진 종범뿐이었다. 분명 고개를 갸우뚱거릴 수밖에 없는 판결이다. 소 씨에게 책임을 묻지 않더라도 야나가와가 중형을 받았더라면 일견 수긍이 갈 수도 있다. 국서 개작이 소 씨도 잘 모르는 가운데 외교를 책임지고 있던 야나가와 집안의 독단으로 처리된 모양이라고. 하지만 야나가와 역시 가벼운 형에 머물렀다. 사건의 이면에 막부가 관여되어 있든가, 무언가 밝히기 곤란한 흑막이 있지 않았는지 의구심이 들 수밖에 없다

국서 개작 같은 중차대한 일이 폭로되었으나 조선은 가까스로 걸음마를 뗀 일본과 외교관계를 중지할 수 없었다. 도쿠가와 막부는 조선과의 외교를 쓰시마에만 맡겨둘 수 없게 되었다. 막부에서 파견한 외교승이 윤번제로 쓰시마에 머물며 외교업무를 담당하는 체제가 새로 들어섰다.

참고문헌

강재언,《조선통신사의 일본견문록》, 한길사, 2005.

손승철,《조선시대 한일관계사 연구》, 경인문화사, 2006.

이진희,《한국 속의 일본》, 동화출판공사, 1986.

미야케 히데토시,《조선통신사와 일본》(김세민 옮김), 지성의샘, 1996.

유재춘, 〈임란후 한일국교 재개와 국서개작에 관한 연구〉,
《강원사학》 2, 1986.

田代和生,《近世韓日外交秘史》(손승철 외 옮김), 강원대학교출판부, 1988.

仲尾宏,《朝鮮通信使の足跡:日朝関係史論》, 明石書店, 2011.

福田千鶴,《御家騒動:大名家を揺るがした権力闘争》, 中央公論新社, 2005.

정한론의 뿌리는 황국사관

메이지 유신이 일어났다. 쇼군이 통치하던 막부 시대가 막을 내리고 천황이 지배하는 시대가 되었다. 1868년 메이지 유신의 출발은 서양에 대한 두려움이었다. 공포감은 어서 빨리 국력을 키워 서양 못지않은 제국주의 국가가 되어야 한다는 조급증으로 나타났다.

일본은 부지런히 서양을 배웠다. 서양 베끼기라고 할 정도였다. 위로부터의 개혁정책이 강행되었다. 영주들이 세습 지배하던 번藩이 폐지되고 그 대신 현縣이 설치됨으로써 중앙집권화의 발판이 놓였다. 영토 확장에 눈을 돌리기 시작한 일본은 홋카이도와 오키나와를 자국 영토로 편입하였다. 때를 같이하여 국민 징집령이 실시되었다.

급격한 사회변화에 대한 반발이 봇물처럼 터져 나왔다. 특권을 상실한 무사 계급은 물론 일반 국민들도 징병제를 비롯한 정부의 정책에 반발하였다. 메이지 정부의 개혁에 대한 저항이 만만치 않았다.

메이지 유신 +++

하급 무사들이 중심이 되어 700여 년간 이어져온 막번체제幕藩體制를 무너뜨리고 왕정복고를 이룩한 위로부터의 변혁과정을 가리킨다. 1853년 흑선 4척을 끌고 온 페리 제독에 굴복해 막부는 미국과 불평등조약을 체결하였다. 이어서 영국, 러시아, 프랑스 등과도 통상조약을 맺음으로써 일본의 쇄국정책은 막을 내렸다.

막부의 권위가 추락하는 것을 본 조슈, 사쓰마 등지의 하급 무사들은 존왕양이尊王攘夷(천황을 받들고 서양 오랑캐를 배척함)를 기치로 천황이 중심이 되는 정치체제를 세우겠다며 막부에 맞섰다. 이들은 서양 세력과 싸우는 동안 '양이'가 불가능하다는 것을 깨닫고 현실적인 개국론으로 전환하였다. 1868년 이들에 의해 막부군이 타도됨으로써 왕정복고령이 발포되었다.

메이지 정부는 서구 열강과 어깨를 나란히 하는 근대국가를 목표로 위로부터의 개혁에 나섰다. 신정부의 가장 큰 목표는 봉건체제를 해체하는 것이었다. 그리하여 번藩을 폐지하고 중앙정부에서 관료를 파견해 통치하는 현縣 제도를 도입하였다. 아울러 봉건계급의 특권을 철폐하고, 징병제 실시, 조세·화폐 개혁 등 국가를 개조하는 정책이 숨가쁘게 이어졌다. 부국강병을 기치로 내건 신정부의 지도자들은 자신들의 목표를 이루기 위해 천황의 권위를 이용하였다. 천황제적 절대주의 이데올로기와 이에 기초한 제국주의화는 그 필연적 귀결이었다. 서양 제국에 굴종적인 태도를 취했던 것과 달리 그 손실을 아시아에서 회복하려 했던 메이지 정부의 최대 피해자는 우리였다.

일본 정국을 뒤흔든 1873년의 정한론 논쟁

내부의 불만을 해소하기 위한 출구가 필요하였다. 어처구니없게도 정한론征韓論이 등장하였다. 조선을 침공해 내부의 불만을 잠재우고 제국주의 일본의 기틀을 다지자는 전략이었다. 일본 정부 안팎을 막론하고 정한론이 세차게 일었다.

이 같은 기류가 정치쟁점화되어 일본 정국을 뒤흔든 것이 1873년의 정한론 논쟁이다. 마침 우대신 이와쿠라 도모미를 단장으로 메이지 정부의 실세들이 구미사절단을 만들어 구미 각국을 순방중이었다. 이와쿠라 사절단은 메이지 정부의 최대 대외과제인 막부가 체결한 불평등조약을 개정하려는 목표를 갖고 있었다. 조약 개정을 위한 노력은 아무런 소득 없이 끝났지만, 더불어 또 하나의 목표는 근대화 개혁의 방향을 찾는 것이었다. 사절단의 규모도 106명이나 되는 대규모였다.

메이지 정부의 한 축이 2년간 자리를 비운 사이에 정한론이 들끓었다. 육군 대장 출신으로 메이지 유신 최대 공로자의 한 사람인 사이고 다카모리가 선두에 섰다. 일본 국내에 남아 있던 정부 각료들은 무력행사를 통해 조선에 국교수립을 요구하기로 각의에서 의결하였다. 서구와의 불평등조약으로 맺은 손실과 국가 체면의 손상을 조선과 불평등조약을 체결함으로써 만회하고 국격을 높이자는 의도였다.

사이고 다카모리는 먼저 조선에 사절을 파견해 담판 짓자며 자신을 사절단 대표로 파견해달라고 요청하였다. 조선이 명백히 거부할 것임은 물론 사절이 살아서 돌아오기 어려울 것이므로, 자신이 희생해 조선 침략의 구실을 만들겠다는 의도였다. 무서운 노림수였다. 사이고는 자신의 부하를 몰래 조선에 들여보내 조선 사정을 정탐하고 있었다. 일본 정부는 사이고를 조선에 파견하기로 결정하였다.

사이고 다카모리를 비롯한 정한론자들이 무리수를 써가며 정한론을 밀어붙인 까닭은 한편으로는 특권을 상실하고 실업 상태에 있던 무사들의 불만을 잠재우기 위해서였다. 메이지 유신 이후 무사들의 경제적 어려움이 가중되어 그 불만이 극에 달해 있었다. 더욱이 사이고 자신이 징집령을 밀어붙인 당사자였다. 당시 실업 상태에 있던 무사들의 수가 60만 명에 이르렀다고 한다. 넘치는 무사들을 처리하는 수단으로 전쟁을 구상한 것은 똑 임진전쟁의 판박이다.

그렇지만 강경 정한론자들의 몽상은 한갓 꿈으로 끝나고 만다.

이와쿠라 도모미(중앙 왼쪽)와 사이고 다카모리(중앙 오른쪽)를 중심으로 양진영으로 갈려 정한론 논쟁이 펼쳐지고 있다.

이와쿠라 도모미(중앙)를 비롯한 이와쿠라 사절단의 핵심인물들. 기도 다카요시(왼쪽 끝)는 누구보다 강경 정한론자였으며, 이토 히로부미(오른쪽 두 번째)는 한일병합의 주역이었다.

때마침 외국에 나가 있던 이와쿠라 사절단이 귀국하고, 그들이 사이고 등의 정한론에 반대하였기 때문이다. 이와쿠라 도모미를 비롯해 귀국한 각료들은 나라의 힘을 키우고 국내정치의 안정에 힘을 쏟을 때라고 주장하였다. 논쟁이 한 달 가량 이어지며 일본 정계는 크게 흔들렸다.

논쟁에서 패한 사이고 다카모리 일파는 각료직을 사퇴하였다. 고향 가고시마에 칩거해 있던 사이고는 몇 해가 지난 다음 세이난 전쟁을 일으켰다. 세이난 전쟁의 성격은 사족士族의 반란이라고 할 수 있다. 전쟁에서 패한 사이고는 자결하고 만다. 세이난 전쟁을 끝으로 일본 국내에서 메이지 정부에 대항하는 사족의 무력시위는 마침표를 찍었다.

정한론 논쟁에서 사이고와 대결했던 사람들은 결코 비정한파가 아니었다. 불과 2년 후인 1875년에 운요 호를 보내 강화도를 침공해 온 것은 바로 그들이었다. 정한파냐 비정한파냐는 단지 정권을 둘러싼 주도권 싸움일 뿐이었다. 강경 정한론자였던 기도 다카요시가 당시 논쟁에서 비정한파 편에 섰던 것은 이 같은 맥락 때문이다.

정한론의 뿌리를 찾아서

일본의 역사를 조금만 소급해 올라가면 1870년대 초에 정치문제화한 정한론이 어느 날 갑자기 대두한 것이 아님을 알 수 있다. 에도 시대 후기에 이미 국학자들은 일본을 신국神國으로 여기고 주변국을 멸시하는 황국사관을 주창하였다. 그들은 일본이 주변 나라를 침공해 지배하는 것은 정당하다는 허무맹랑한 논리를 폈다. 대표적인 이론가는 만주를 먼저 점령한 다음 몽골, 조선, 중국까지 잇따라 정복하자고 주장한 사토 노부히로였다.

이들의 주장은 정치적 영향력을 발휘할 정도는 아니었다. 하지만 메이지 유신 전야에 불꽃 같은 삶을 살며 제국주의 첨병 정치가들을 길러낸 요시다 쇼인에 이르면 이야기가 달라진다. 그는 "조선은 옛날 우리에게 신하로 예속되어 있었음에도 불구하고 지금은 제법 거만해졌다"며, 이를 예전의 상태로 돌려야 한다고 주장하였다. 히라노 구니오미는 요시다 쇼인과 같은 맥락에서 "우선 삼한을 치고,

요시다 쇼인이 제자들을 기른 쇼카손주쿠.

임나를 다시 세우자"고 주장하였다. 정한론의 형태가 좀 더 명백해
졌음을 알 수 있다.

이들의 역사인식의 바탕에는《일본서기》에 등장하는 왜곡된 고
대의 전승이 자리하고 있다. 야마토 정권이 옛날에 조선을 지배했
기 때문에 조선 침략이 정당하다는 논리다. 자연히 도요토미 히데
요시의 조선 침략도 정당화된다.

요시다 쇼인의 '존왕양이'尊王攘夷, '일군만민'一君萬民 사상은 천황
을 중심으로 한 근대국가를 세우자는 대의명분의 근거가 되었다.
그의 제자들이 메이지 유신의 주체가 됨으로써 그의 정신은 후대
의 정치가들에게 이어졌다. 메이지 유신의 주역인 기도 다카요시,
일본제국의 초대 총리를 지낸 이토 히로부미, 조선 침략에 깊숙이

관여한 야마가타 아리토모 등이 그의 제자들이다. 이들 조슈 출신의 정치가들은 지금까지도 일본 정계에서 가장 큰 인맥을 형성하고 있다. 아베 총리도 조슈 출신이며, 그가 가장 존경하는 인물이 바로 요시다 쇼인이다.

자연히 요시다의 정한론도 그의 제자들에 의해 계승되었다. 요시다 쇼인의 문하생이었던 기도 다카요시는 막부를 타도하는 데 선두에 서고, 메이지 유신 정부의 요직을 차지하였다. 그는 메이지 정부의 최고 실력자였던 이와쿠라 도모미에게 '조선에 사절을 파견하여 무례를 따진 뒤, 조선이 복종하지 않으면 죄를 물어 공격하자'고 건의하였다. 신정부의 출범을 구실 삼아 근대적인 형식의 조약을 맺어야 한다는 주장이지만, '무례'니 '공격'이니 하는 표현을 보면 그들의 의도가 어디에 있었는지 명백하다.

정한론 논쟁 이전에 이미 무력도발이 있었다

이런 속에서 일본 정부는 쓰시마 도주를 통해 신정부의 출범을 알리는 서계書契(외교문서)를 조선에 보냈다. 조선 정부는 서계의 접수를 거부하였다. 서계의 격식과 표현에 문제가 있다는 이유였다. '대일본', '황상'皇上, '칙령'勅令 등의 표현은 이전까지 두 나라 사이의 문서에 사용된 적이 없었다. 조선과 일본은 도쿠가와 막부 이래 250여 년간 대등한 지위에서 외교관계를 지속해왔다. 서계의 형식과 표현 하나하나가 서로의 합의와 관행 속에서 이어져온 것이었다.

일본의 서계를 접수하게 되면 일본을 한 단계 위의 나라로 인정하는 것이 되는 까닭에, 조선은 결코 일본이 보낸 서계를 접수할 수 없었다. 형식의 문제를 넘어 국제질서를 깨뜨리는 불법적인 행위라는 게 조선 정부의 인식이었다.

두 나라는 외교문서의 수리를 두고 크게 대립하였다. 일본은 조선과의 외교 창구를 쓰시마 도주에서 외무성으로 전격 교체하였다. 협상이 진척되지 않는 가운데 1872년 일본 외무대승 하나부사 요시모토가 군함을 타고 부산에 들어와 왜관을 점거하는 일이 벌어졌다. 독립국가 조선으로서는 묵인할 수 없는 일이었다. 조선 정부는 일본 군함의 철수를 요청하면서 그들을 사신으로 상대해주지 않았다.

서계 접수 문제가 교착 상태에 빠지자 조선과 전쟁을 벌이자는 주장이 일본 내에서 크게 일었다. 국교 교섭에 참가하였던 외무성 관리 사다 모토이치로는 '조선이 문자가 불손하다며 치욕을 안겨주었으므로 반드시 정벌해야 한다'고 보고서를 제출하였다. 심지어 '조선 국왕을 포로로 잡아 개국시키자'는 주장까지 펼쳤다.

들끓어 오르던 조선정벌론은 잠시 수면 아래로 가라앉았지만, 이내 1873년의 정한론 논쟁으로 다시 불이 붙었다.

참고문헌

이기용,《정한론 아베, 일본 우경화의 뿌리》, 살림, 2015.

이현희,《정한론의 배경과 영향》, 한국학술정보, 2006.

김용구,《세계관 충돌과 한말외교사, 1866~1882》, 문학과지성사, 2001.

名越二荒之助 編著,《日韓2000年の真実》, ジュピタ-出版, 1999.

吉野誠,〈西郷隆成:明治維新と'征韓'の論理〉, 舘野晳 編著,
《韓国・朝鮮と向き合った36人の日本人》

조선의 개국을 윽박지른 운요 호의 도발

미국에 당한 포함 외교, 조선에 갚아주다

메이지 유신을 단행한 일본은 호시탐탐 한반도 침략 기회를 노리고 있었다. 강경 정한론자 사이고 다카모리 등이 정국 일선에서 물러났지만 그들이 정파투쟁에서 밀린 것일 뿐, 일본 정부의 조선 침략 기조가 바뀐 것은 아니었다.

당장 조선을 침공할 구실을 만들자는 강경파와 후일을 도모하자는 온건파 사이의 논쟁이 본격적으로 시작되기도 전인 1872년에 이미 일본은 부산에 군함을 파견해 무력시위를 벌였다. 군함을 파견한 자체가 무력시위였을 뿐 아니라, 군함을 타고 온 외무성 관리들은 제멋대로 부산 왜관을 접수하였다. 당시까지 왜관은 동래부사의 책임 아래 관리되었으며, 동래부사와 쓰시마 도주를 창구로 두 나라 사이의 외교가 진행되었다. 왜관의 소유권이 조선 정부에

158

있었으므로 일본 외무성의 왜관 점거는 불법 침략행위였다. 일본의
행위에 대해 조선 정부는 물자공급을 중지하고 상인들의 교역을
단속하는 등 강경히 대처하였다. 외무성을 대표하던 하나부사 요시
모토는 쓰시마 측으로부터 업무를 인수한 다음 일단 일본으로 철
수하였다.

정한론 논쟁에서 조선 정벌을 주장한 강경파들이 실각하자 그들
을 따르던 호전적인 무사집단의 불만은 극에 달하였다. 1874년 5월
의 대만 정벌은 그들을 다독이기 위한 대안의 하나였다. 이때까지
조선은 동아시아 삼국 가운데 외세에 굴복하지 않은 유일한 나라
였다. 프랑스(병인양요)와 미국(신미양요)의 무력 도발을 막아내며 강
경한 배외정책을 유지하였다. 하지만 대원군이 실각하고 고종 친정
체제가 시작되면서 상황이 변하였다. 고종은 대원군이 기초를 닦은
왕조의 안정을 바탕으로 과학기술문명을 비롯한 서양의 문물을 받
아들이는 문호개방정책을 추진하였다. 중국의 중체서용中體西用과
맥락이 통하는 동도서기론東道西器論이었다. 조선은 먼저 교착상태에
서 헤어나지 못하고 있던 일본과의 국교 회복을 꾀하였다.

일본의 침략을 받은 청나라는 일본이 다음 차례로 조선을 침공
할 것이라고 예측하였다. 청나라는 일본이 대만에 이어 조선을 침
공할 듯하니 이를 경계하라는 문서를 조선에 보냈다. 그러면서 미
국, 프랑스 같은 나라와 통상조약을 체결하는 것이 일본의 준동에
대비하는 길이 될 것이라고 자문하였다. 청나라는 일본의 대만 침
공 문제를 해결하는 과정에서 류큐에 대한 일본의 지배권을 인정
해야 하였다. 그들은 조선에서마저 자신들의 영향력을 상실할까봐

우려하였다.

　대국으로 생각해온 청나라가 일본에 무력하게 당하는 것을 보고 조선이 두려움을 느낄 것은 당연하였다. 조선은 일본과의 관계개선을 위해 보다 적극적인 태도로 임하였다.

　조선이 조약 체결에 응할 의사가 있음을 파악한 일본은 조선과의 조약에서 유리한 입장을 차지하기 위해 잔꾀를 부렸다. 그것은 자신들이 미국에 당한 방식과 똑같이 먼저 무력 위협을 가하는 것이었다. 조선 정세를 탐지하기 위해 부산에 파견된 외무성 관리 모리야마 시게루도 포함砲艦 외교를 주장하는 건의서를 일본 정부에 제출하였다.

운요 호 침공은 강화도조약을 위한 잔꾀였다

　1875년 5월 말 일본 군함 운요 호가 아무런 예고도 없이 부산항에 나타났다. 이어서 제2정묘함을 비롯한 군함이 추가 파견되었다. 이들은 연습을 빙자한 포격으로 항의하기 위해 찾아온 조선 관리들을 위협하였다. 일본 군함들은 부산 주변은 물론 함경도 영흥만에 이르는 연안해역을 제멋대로 누비다가 일본으로 돌아갔다.

　일본 해군성의 밀명을 받은 운요 호는 그해 9월 다시 강화도 앞바다에 출현하였다. 강화해협 입구에 정박한 운요 호 함장 이노우에 요시카 등은 보트를 타고 초지진으로 접근하였다. 음료수를 얻겠다는 구실이었다. 초지진을 지키던 조선 군사들은 일본 보트에 포격을 가하였다.

운요 호를 타고 온 일본군이 강화 초지진에 이어 영종도를 공격하고 있다.

강화도는 조선의 국방전략 요충지였다. 서울에 이르는 해상관문이라서 섬 전체가 요새화되어 있었다. 조선 정부는 병인양요 이후에는 아예 외국 배의 강화해협 항행을 금지하였다. 조선 배라도 항행권이 없으면 통과할 수 없었다.

운요 호로 철수한 일본군은 초지진에 함포 사격을 퍼부었다. 초지진 포대는 완전히 파괴되었다. 이튿날 일본군은 지금의 인천국제공항이 자리한 영종도에 기습 상륙하였다. 영종도를 지키던 조선 수비군은 근대식 무기를 휴대한 일본군을 대적할 수 없었다. 일본군은 민가를 불태우고, 주민의 재산을 약탈하였다. 조선군 35명이 사망하고, 16명이 사로잡혔다. 일본군은 대포 36문과 화승총 130여 정을 비롯한 무기를 노획하였다. 일본측은 사망자 1명, 부상자 1명의 경미한 피해를 입었다.

운요 호 사건은 타국의 영해와 국토를 침범하고 군사행동을 도발한 명백한 침략행위였다. 그런데도 불구하고 일본은 조선측의 발포로 손해를 입었다며 배상을 요구하였다. 이런 언어도단 같은 상황이 어디 있겠는가? 배상은 일본이 해야 할 일이었다. 이 모두 조선의 개국을 윽박지르기 위한 일본의 계획적인 도발이었음을 일본학자들도 다음과 같이 인정하고 있다.

이 배상 요구는 괴상하기 짝이 없다. 운요 호와 강화 포대가 교전했을 때, 강화 포대의 사정거리가 짧아 포탄이 운요 호에 도달하지도 않았기 때문이다. 피해를 본 것은 강화도와 영종도였으며, 일본은 거의 피해를 입지 않았다. 뿐만 아니라 수도 서울의 코앞에 위치한 강화도 같은 중요한 요새지에 국교가 없는 나라의 선박이 예고 없이 진입했다는 것은 진입한 쪽의 잘못이다. 음료수 부족 때문이었다는 이유도 믿기 어렵다. 운요 호는 9월 20일 강화 앞바다를 떠나 도중에 음료수를 보급하지 않고 9월 28일에 나가사키에 귀항하였기 때문이다.

山辺健太郎,《日韓併合小史》

무력시위 속에 강화도조약을 체결하다

다음해 초 조선 정부에 손해배상을 요구하고 국교 문제를 매듭짓기 위해 일본측 협상대표단이 조선으로 출발하였다. 전권대사에는 육군

구로다 기요타카를 비롯한 일본 협상대표단이 1876년 1월 함대를 이끌고 강화도로 향하고 있다.

중장 구로다 기요타카, 부대사에는 메이지 정부의 핵심에 있던 이노우에 가오루가 임명되었다. 협상대표단은 6척의 군함을 타고 부산에 입항하였다. 부산에 입항하면서부터 해전 연습을 방불케 하는 무력 시위를 벌인 이들은 1월 말 강화도에 도착하였다. 조선 정부는 신헌을 접견 대관, 윤자승을 부관으로 임명하여 일본과 교섭하게 하였다.

일본 협상대표단은 예포라는 구실로 위협 발포를 하며 400명의 의장병과 함께 강화도에 상륙하였다. 모두 세 번의 회의가 열렸는데, 일본은 운요 호 사건에 대한 원인과 처리 등을 두고 막무가내식 억지를 부렸다. 일본의 통상 요구에 대해 조선은 고종의 적극적인 의지에 따라 통상조약을 체결하였다.

강화도조약이 체결됨으로써 조선은 부산 외에 2개의 항구를 더 개항하였다. 일본은 서울 가까운 곳에 통상항구를 확보할 수 있게 되었다. 일본 선박과 화물에 대한 세금은 면제되었으며, 일본인 범죄자에 대한 치외법권도 인정되었다. 군사적 의미에서는 '일본 항해자가 자유로이 해안을 측량하고 지도를 작성'할 수 있다고 한 조항이 주목된다. 나중의 군사적 목적을 위한 치밀한 준비의 하나였다.

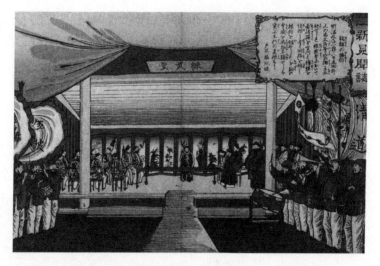

1876년 2월 27일 강화도 연무당에서 조일수호조규(강화도조약)가 체결되었다.

강화도조약을 체결할 때 일본은 조약 체결이 순조롭지 못해 전쟁으로 비화되는 상황까지 준비하고 있었다. 육군대신의 지시로 1개 사단이 전쟁에 대비하였다.

운요 호 사건은 이처럼 한반도를 침략하기 위한 일본의 치밀한 계획 아래 추진되었다. 대륙으로 진출하려는 일본의 제국주의 야욕이 그 첫걸음을 뗀 사건이기도 하다.

참고문헌

신국주, 《근대조선외교사》, 탐구당, 1965.

윤진헌 편저, 《한국독립운동사》 상, 한국학술정보, 2008.

김용구, 《세계관 충돌과 한말외교사, 1866~1882》, 문학과지성사, 2001.

피터 두으스, 《일본근대사》(김용덕 옮김), 지식산업사, 1983.

山辺健太郎, 《日韓併合小史》, 岩波書店, 1966.

선전포고 없는 전쟁: 동학농민군 토벌작전

조선의 주도권을 확보하라

강화도조약을 체결해 일본은 조선 진출의 발판을 마련하였다. 일본은 정치 경제 군사적으로 조선에서 자국의 지배력을 강화하는 데 힘을 쏟았다. 그들은 조선 정부의 반대에 부딪칠 때마다 번번이 군함을 동원하는 등의 무력 위협을 가해왔다. 서울 코앞의 인천이 개항장이 되는 데도 무력시위가 뒷받침되었다.

1880년 서울에 일본 공사관이 개설되었다. 일본 정부의 지원을 받는 일본 상인들은 개항장을 중심으로 세력을 넓혀갔다. 일본 상인들이 값싼 조선 쌀을 다량 반출해가는 바람에 식량 사정이 나빠지고 곡물가격이 폭등하였다. 한편 일본은 자신들의 군사적 영향력을 확장하기 위해 신식 군대인 별기군 창설을 후원하고, 일본인 교관이 이들을 조련하게 하였다.

차별 대우를 견디다 못한 구식 군인들이 난을 일으켜 한때 일본
인들을 나라 밖으로 몰아냈다. 일본은 이내 군함을 몰고 와 강경한
수위의 피해보상을 요구하였다. 임오군란의 책임자 처벌과 피해보
상을 규정한 제물포조약을 통해 일본은 공사관 경비를 구실로 1개
대대의 병력을 한성에 주둔시키게 되었다.

하지만 임오군란의 실질적인 수혜자는 청나라였다. 청나라는 수
세적 입장에서 선회하여 대원군을 납치하는 등 조선의 내정에 적
극 간섭하였다. 아울러 조선과 무역협정을 체결하여 청나라 상인들
이 치외법권을 누리며 활동할 수 있는 토대와 청나라 군대의 조선
주둔 권리를 얻어냈다.

이로써 일본과 청나라는 조선에서의 주도권을 놓고 한층 치열하
게 대결하게 되었다. 일본 상인과 청나라 상인 사이의 경쟁도 심화
되었다. 아직은 정면승부가 시기상조라고 생각한 일본은 청나라와
의 대립을 피하면서 조선 정부가 일본에 우호적인 노선을 걷도록
책략을 꾀하였다. 1884년의 갑신정변이 그것이다.

일본의 기대와 달리 청나라 군대의 개입으로 갑신정변은 3일천
하로 막을 내렸다. 일본은 여전히 청나라가 조선에 대한 영향력에
서 한 걸음 앞서 있음을 인정해야 하였다. 청나라와 일본은 이듬해
천진에서 조약을 맺고 두 나라 모두 조선에서 군대를 철수시키기로
하였다. 그리고 어느 한쪽이 파병하게 되는 경우에는 상대국에 통
보하기로 하였다.

일본은 한동안 스스로의 힘을 키우는 데 주력하였다. 청나라는
아직 두려운 존재였고, 해군력을 비롯한 무력도 일본보다 앞서 있

었다. 이 틈바구니에서 날로 위협세력으로 다가오는 것은 러시아였다. 러시아의 힘이 미치기 전에 조선에 대한 지배권을 공고히 해야 한다는 의론이 일본에서 다시 일었다.

이 같은 상황 속에서 동학농민봉기가 일어났다. 일본 입장에서는 자신들의 정치적 야심을 실현할 호기였다. 일본 정부는 동학운동의 흐름을 예의주시하며 공작에 돌입하였다. 참모본부는 천우협이라는 우익단체를 움직여 동학에 줄을 대려 하였다. 자신들이 개입할 수 있는 명분을 만들겠다는 전략이었다.

경복궁 점거작전과 청일전쟁

일본의 야심에 불쏘시개의 역할을 해준 것은 조선 정부였다. 동학농민군은 순식간에 호남을 평정하고 전주에 입성하였다. 당황한 조선 정부는 임오군란 때와 마찬가지로 청나라에 원병을 요청하였다. 일본 정부는 청나라의 통지를 받기 전에 벌써 조선이 청나라에 파병을 요청하였다는 사실을 보고받았다. 일본은 이제야말로 청나라와 한판 승부를 벌여 명실상부하게 한반도의 지배권을 확보하려는 심산이었다. 참모본부 내에 대본영이 설치되고, 혼성여단 선발대가 요코스카 항을 출발하였다.

청나라군과 일본군은 거의 동시에 조선에 도착하였다. 청나라군 2,800명이 충청도 아산에 도착할 즈음 일본군은 인천에 상륙하기 시작하였다. 순식간에 일본군은 8천여 명으로 불어났다. 일본군 대

소국 일본이 대국 청나라에 승리를 거둔 청일전쟁 풍자화.

부대를 본 조선 정부는 몹시 당황하였다. 일본군의 독단적인 출병에 항의하며 즉각 철병을 요구하였다. 두 나라 군대가 상륙하던 시점에 마침 동학농민군과 정부군 사이에는 화의가 성립되었다.

'동학란'이 잠잠해졌으니 외국군 주둔의 명분이 사라졌다는 조선정부의 주장에도 불구하고, 일본군은 체제를 개혁하기 전에는 농민봉기의 원인이 해결되었다고 볼 수 없다며 자국 거류민 보호를 구실로 곧바로 서울로 진입하였다. 전쟁중인 적국이 아닌 다음에는 다른 나라의 수도에 병력을 진격시키는 일은 있을 수 없는 일이다. 어떻게든 청나라와 전쟁을 벌이고 싶었던 일본은 전쟁의 구실을 찾기 위해 조선의 내정을 함께 개혁하자고 청나라에 제안하였다. 청나라는 일본의 제안을 받아들이지 않았다. 일본은 단독으로 조선 정부에 폐정개혁안을 들이밀었다.

1894년 7월 23일 일본군 1개 대대가 경복궁으로 난입하였다. 개혁안을 수용하지 않으면 가만 있지 않겠다고 조선 정부에 통지한 지 겨우 사흘 만이었다. 궁중 수비대와 총격전이 벌어졌다. 겨우 몇 시간의 전투 끝에 경복궁은 일본군의 수중에 떨어졌다. 일본은 자신들의 발목을 잡곤 하던 고종과 명성황후를 권좌에서 밀어냈다. 그리고 홍선대원군과 김홍집을 수반으로 하는 친일정권을 수립하였다. 일본 세력에 의한 쿠데타였다. 경복궁 점거작전은 사실상 청일전쟁의 첫 전투였다. 일본의 강요를 받은 조선 정부는 청나라와의 통상무역장정을 폐기하고, 청나라군에 즉각 철수할 것을 통보하였다.

청나라와 일본 사이의 전투는 7월 25일 아산만 풍도 앞바다에서 시작되었다. 일본 해군의 기습공격으로 청국 군함이 격침되었다. 이어 벌어진 성환전투에서도 일본이 승리를 거두었다. 해전과 육전에서 승리를 거둔 다음에야 일본은 청나라에 선전포고를 하였다. 9월에 벌어진 평양전투와 황해전투에서 일본이 승리함으로써 청일전쟁의 무대는 중국대륙으로 옮겨진다.

청나라와의 서전에서 승리한 일본은 각의에서 조선을 보호국화할 것을 결정하였다. 그리고 조선 정부를 청일전쟁의 한 축으로 끌어들임으로써, 일본군은 민간에서 물자를 징발할 수 있는 권한까지 갖게 되었다. 평양전투 이후 일본은 조선에 대한 더욱 적극적인 간섭정책을 펼치기 시작하였다.

일본군, 동학농민군 압살에 나서다

정부군과 화의를 맺고 각 고을에 집강소를 설치해 호남 일대의 농촌사회 개혁에 주력하던 동학농민군은 일본군이 경복궁에 납입해 국권을 침탈하였다는 소식에 분격하였다. 농민군은 다시 거병하였다. 척왜斥倭, 곧 우리 땅에서 일본군을 몰아내는 것이 목표였다.

농민군은 지역별로 봉기하여 1894년 10월 말에 전라도 삼례에 집결하였다. 동학농민군 지도자 전봉준은 일본군을 몰아내기 위해 정부와 민간, 양반과 상놈이 대동단결하는 방안을 모색하고, 대립 중이던 동학의 북접과도 화해하였다. 이리하여 다음해 초까지 영호남과 강원, 황해도 일대에 걸쳐 처절한 항일전쟁이 전개되었다.

일본군은 동학농민군에 대한 무자비한 압살에 나섰다. 중국 땅으로 전장을 옮겨 청일전쟁을 수행중이던 일본에 동학농민군은 후방을 교란하는 위협요소였다. 일본은 2천여 명에 이르는 진압군을 조직하였다. 동학당을 한 사람도 남기지 않고 죽여 없앤다는 게 일본 정부의 입장이었다. 일본군은 동학농민군이 삼례로 모이기도 전에 이미 부산에 주둔하고 있던 2개 중대를 동원해 진압작전에 나섰다. 그리하여 충청도 청풍, 충주와 경상도 상주 등지에서 살육작전을 전개하였다.

서울을 향해 북진하던 농민군 주력군은 11월 18일 천안 근처의 목천 세성산에서 일본군과 처음으로 맞닥뜨렸다. 수적으로는 농민군이 우월하였지만, 우세한 화기에 잘 훈련된 일본군을 당해낼 수 없었다. 일본군은 자신들의 꼭두각시였던 조선 정부를 움직여 관군

진압군의 개틀링 기관포.

무라타 소총을 일제사격하는 일본군(청일전쟁),

의 지원을 받고 있었다.

일본군의 주력부대는 서울에 주둔하고 있던 후비보병 19대대였다. 서울을 출발한 일본군은 3개 노선으로 군대를 나누어 남하하였다. 농민군이 공격을 받아도 흩어졌다가 다시 모이기를 반복하므로, 흩어진 농민군을 일거에 진압하기 위해서였다. 일본군을 위시한 진압군은 괴산, 홍성, 금산, 목천 등지에서 농민군과 일진일퇴를 벌였다.

세성산전투에서 농민군의 진격을 막아낸 진압군은 농민군을 남쪽으로 밀어냈다. 그럼에도 농민군의 군세는 수그러들지 않았다. 농민군은 공주 주변 관치, 이인 등지의 싸움에서 진압군을 무찔렀다. 진압군은 공주 수비에 전력을 쏟기로 하였다. 공주를 지키려는 진압군과 공주로 진격하려는 농민군 사이에 일대 격전이 벌어졌다. 그 역사적인 싸움터는 공주 남쪽의 우금치였다.

일본군과 관군은 우금치 능선에 자리를 잡고 있었다. 1만여 명의 농민군은 진압군이 진을 치고 있는 우금치 계곡으로 쏟아져 들어갔다. 선봉에 섰던 농민군은 순식간에 모두 쓰러졌다. 쓰러진 동료들을 밟고 2진이 용맹히 돌격하였다. 진압군의 개틀링 기관포가 불을 뿜었다. 이내 2진도 모두 주검이 되었다. 농민군의 무기는 화승총이 고작이었다. 그것도 선두에 선 일부뿐이고, 나머지 군사들은 창을 들고 싸웠다. 반면 진압군은 기관총을 가지고 있었고, 모든 병사가 휴대하고 있던 신식 스나이더 소총과 무라타 소총의 유효사거리는 화승총의 5배였다.

도무지 상대가 되지 않았다. 그런 속에서도 농민군은 불을 뿜는 적진 앞으로 대열을 갖추어 진격하기를 40~50차례 반복하였다. 쌓인 시체가 온 산에 가득하였다. 농민군은 7천여 명의 사상자를 내고 후퇴하였다. 일본군은 퇴각하는 농민군을 추격하여 잔인하게 살육하였다. 패퇴하면서도 싸움을 멈추지 않은 농민군의 마지막 불꽃은 전라도 남쪽 끝의 장흥, 강진, 그리고 황해도 봉산, 신천을 끝으로 사그라졌다. 전봉준, 김개남 같은 지도자들은 체포되어 처형되었다.

동학농민군 토벌작전은 일본이 조선에서 벌인 '선전포고 없는 전쟁'이었다. 청일전쟁의 결과 조선은 자력으로 독립을 유지할 수 있는 힘을 완전히 상실하고 말았다.

참고문헌

한우근, 《동학과 농민봉기》, 일조각, 1983.

최동희, 《동학의 사상과 운동》, 성균관대학교출판부, 1980.

독립운동사편찬위원회, 《독립운동사》 1, 1970.

윤진헌 편저, 《한국독립운동사》 상, 한국학술정보, 2008.

김의환, 《전봉준전기》, 정음사, 1974.

姜在彦, 《朝鮮近代史研究》, 日本評論社, 1970.

궁궐에 침입해 왕비를 시해하다

러시아와 조선의 연결고리를 차단하라

청일전쟁을 승리로 이끈 일본의 콧대는 자연 높아졌다. 그들 스스로 자만심을 경계할 정도였다. 승리의 대가로 대만을 차지하고 요동반도까지 할양받았으니 그럴 만도 하였다. 하지만 욕심이 과했던 탓일까? 대륙 침략의 교두보로 삼기 위해 애써 확보한 요동반도를 이내 내놓아야 하였다. 러시아, 프랑스, 독일의 3국이 간섭하고 나섰기 때문이다.

앞장서 제동을 건 나라는 러시아였다. 오래전부터 요동반도를 눈여겨보고 있던 러시아는 일본의 야심을 꿰뚫고 있었다. 그동안 조선은 일본을 막기 위해 청나라에 의지해왔다. 승승장구하던 일본이 러시아의 압박에 꼬리 내리는 모습을 본 고종과 명성황후는 자연스레 러시아에 눈을 돌리게 되었다. 러시아 공사 베베르는 적극적으로 조선 왕실에 손을 내밀었다.

1895년 8월에는 친일내각이 물러나고 러시아, 미국과 가까운 인물들이 내각에 기용되었다. 차츰 반일 기운이 높아지고, 반일정책이 추진되었다. 조선을 보호국화하려는 일본의 기도가 벽에 부딪치는 듯하였다. 비상이 걸린 일본에서는 조선 문제를 타개하기 위한 내각회의가 거듭되었다. 한성에 주재하던 이노우에 가오루 공사도 일본으로 돌아가 대책을 협의하였다.

이토 히로부미는 "개혁을 추진하면 러시아가 방해할 것이고, 그렇다고 중단하면 청일전쟁을 치른 의의가 상실될 뿐 아니라, 오히려 러시아가 조선을 엿볼 수 있다"며 일본의 난처함을 술회하였다.

자신들의 입맛대로 조선 문제를 풀어가기 위해서는 러시아와 일전을 불사해야 하는데, 일본의 국력이 아직 거기에는 미치지 못하였다. 더욱이 청일전쟁에 온 힘을 쏟은 직후라서 여러 모로 러시아를 상대할 준비가 부족하였다. 러시아는 시베리아 철도 건설에 한창이었다. 시베리아 철도가 완공되면 동아시아에서 러시아의 힘이 한층 강화될 것이었다.

일본은 조선에서 러시아 세력이 확장되는 것을 더 이상 두고 볼 수 없었다. 뾰족한 해결책을 찾지 못한 일본은 상식 밖의 방법을 생각해냈다. 그것은 러시아와 조선의 연결고리를 차단하는 것이었다. 일본이 볼 때 러시아에 조선의 빗장을 열어주는 대표인물은 명성황후였다. 명성황후는 지략과 수완이 뛰어나 번번이 일본에 걸림돌이었을 뿐 아니라 장래의 화근이기도 하였다.

흥선대원군 부부가 간택해 왕비가 된 명성황후는 일찍부터 왕실

일본 잡지 《풍속화보》속의 일러스트. 고종과 명성황후가 이노우에 가오루 일본 공사를
접견중인 모습으로 추정된다.

정치에 관여하였다. 왕비는 섭정으로 최고의 권력을 휘두르던 시아
버지 흥선대원군을 권좌에서 물러나게 하였으며, 고종의 친정親
政을 도와 강화도조약을 비롯한 개화정책의 추진에 앞장섰다. 명성
황후는 임오군란의 위기를 겪으면서 청나라 쪽으로 돌아섰다가 청
일전쟁 이후에는 친러정책으로 방향을 틀었다.

일본은 종래의 위압적 자세를 전환하여 조선 정부의 환심을 사
려 하였다. 하지만 조선은 일본의 압력에 눌려 제정한 일부 제도를
폐지하고, 일본인 교관이 훈련시킨 훈련대를 해산하기로 하였다.

이와 같이 어수선한 속에서 육군중장 출신의 미우라 고로가 주
한공사로 부임하였다. 외교 부문의 베테랑인 이노우에 공사가 외교
에 전혀 경험이 없는 미우라로 교체된 것은 미스테리의 하나다.

건청궁 옥호루에 난입해 명성황후를 시해하다

1895년 10월 3일 일본 공사관 내의 밀실에서 미우라 고로 공사와 궁내부 고문 오카모토 류노스케, 육군 중좌 구스노세 유키히코, 중의원 의원 시바 시로, 한성신보 사장 아다치 겐조 등이 비밀회의를 열고 있었다. 작가 무라마쓰 쇼후는 이때의 모습을 《조선왕비비화》 속에 이렇게 적어놓았다.

"아무리 생각해도 이대로 내버려둘 수는 없소. 우리가 중국과 싸워 승리를 거두었지만, 대만을 얻었을 뿐 요동은 되돌려주고 말지 않았소? 게다가 조선이 이런 상태여서는 무엇 때문에 싸웠는지조차 알 수 없게 되었소. 대련과 여순을 러시아에 빼앗긴데다 조선마저 진상해버리면, 결국 일본이 조선 꼴이 되고 말 것이오."

"… 우악한 조치라도 취하는 수밖에 다른 방법은 없습니다."

"우악한 조치라면?"

"우리 손으로 조선 왕궁을 점령하는 것입니다. 그리고 뭐라고 해도 조선의 화근은 그 '사나운 여자'(명성황후-저자 주) 아닙니까? 그녀의 목숨을 끊어버리지 않으면, 아무 일도 되는 게 없을 겁니다."

村松梢風, 《朝鮮王妃秘話》

이렇게 미우라 공사가 중심이 되어 명성황후 시해 계획이 수립되었다. 작전명은 '여우 사냥'이었다. 당시 일본인들은 명성황후를 가리켜 '늙은 여우'라고 불렀다. 서울에 주둔하고 있던 일본군 수비대

명성황후를 시해한 살인자들. 배경건물은 서울 한성신보사이다.

를 주력으로 삼고, 한성신보사 사장 아다치 겐조가 일본인 낭인을 동원하기로 하였다. 조선 정부의 일본인 고문, 한성신보 기자, 일본인 거류지 영사경찰 등도 합류할 예정이었다. 사후에 책임을 전가하기 위해 황후와 대립관계에 있던 대원군과 조선군 훈련대를 이용할 계획도 세웠다.

10월 8일 새벽 우마야 하라 소좌가 인솔하는 일본군 1개 대대, 하기와라 경부가 이끄는 일본 영사관 경찰, 아다치 겐조가 동원한 일본인 낭인들이 경복궁 앞에 모였다. 이들은 야간 훈련을 구실로 훈련대 군사들을 경복궁으로 유인하였다. 오카모토 류노스케 등은 대원군을 공덕리 처소에서 데리고 입궐하는 일을 맡았다.

이들이 경복궁 진입작전을 개시한 것은 새벽 5시였다. 기습공격을 받은 훈련대 연대장 홍계훈과 군부대신 안경수 등이 광화문에서 저항하다 사망하였다. 일본군은 북문인 신무문으로도 진입하였다. 경복궁으로 진입한 일본군은 다시 한 번 숙위 중이던 시위대와 교전을 벌였으나, 순식간에 이들을 제압하고 건청궁 안으로 난입하였다. 일본군은 건청궁으로 통하는 사방의 출입구를 봉쇄하였다.

일본인 폭도들은 곧바로 황후의 처소로 돌진하였다. 궁내부대신 이경직이 달려와 막으려 하다가 폭도들의 칼날에 쓰러졌다. 황후와 궁녀들이 잠자리에서 끌려 나왔다. 궁녀들이 자신이 황후라고 우기는 바람에 폭도들은 황후를 찾는 데 애를 먹었다. 폭도들은 일본도를 휘둘러 황후를 살해하였나. 그리고 대지를 불러내 황후가 맞는지 확인하였다. 비슷한 차림을 하고 있던 3명의 궁녀마저 잔인하게 살해하였다. 한치의 실수도 범하지 않기 위해서였다.

황후의 시신은 궁궐 우물 속으로 던져졌다. 그랬다가 범죄가 탄로날까 두려웠던지 다시 건져 올려 건청궁 동쪽의 녹원 숲속으로 끌고 갔다. 그리고 석유를 뿌려 불태웠다.

작전을 마무리지은 일본인들은 유유히 광화문을 빠져나갔다. 곧바로 사건 은폐공작이 펼쳐졌다. 미우라 공사는 황후가 궁궐을 탈출한 것처럼 꾸며, 황후를 폐하는 조칙을 내리게 하였다. 그리고 조선군 훈련대와 순검의 충돌에 의해 사건이 발생한 것으로 날조하였다.

하지만 사건의 진상은 곧바로 서양 외교관들에 의해 폭로되었다. 사건 현장을 목격한 사람들이 많았을 뿐 아니라, 그 가운데는 서양인들도 섞여 있었다. 《뉴욕 헤럴드》 등의 언론에도 보도되었다.

이 사건에 아무 관련이 없다고 우기던 일본 정부는 사건을 조속히 무마하기 위해 미우라 공사가 사건에 연루되었음을 시인하였다. 미

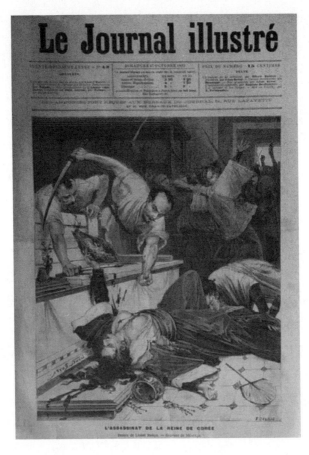

프랑스 신문《르 주르날 일뤼스트레》표지에 실린 을미사변 일러스트.

우라를 비롯한 50여 명이 일본으로 송환되어 히로시마 감옥에 수감되었다. 이들은 얼마 지나지 않아 모두 증거불충분으로 풀려났다. 이같은 조치는 국제여론의 비난을 피하기 위한 쇼였을 뿐이다.

당시 중국 상해에서 서양인 선교사들이 발행한 《북화첩보》北華捷報는 을미사변을 이렇게 정리하고 있다.

사건의 주모자는 이노우에 가오루이며, 미우라 고로가 조선 공사로 임명될 때 이미 그가 이노우에의 희생양이라는 것이 알려져 있었다. … 이 사선은 미우라기 일본을 떠나오기 전에 이미 계획된 것이다.

지금까지도 이노우에가 주범인지 미우라가 주범인지 의견이 분분하다. 분명한 것은 두 사람에 그치지 않고, 그들의 배후에 일본 정부가 있다는 사실이다. 감옥에서 풀려난 폭도들은 영웅 대접을 받았다. 일본 천황은 그들의 노고를 치하하기까지 하였다.

명성황후는 저승길도 험난하였다. 숨가쁘게 변화하는 정치상황 속에서 장례식도 바로 치를 수 없었다. 세상을 떠난 지 2년 2개월이 흐른 뒤에야 명성황후라는 시호가 내리고, 장례식이 거행되었다.

'늙은 여우를 단칼에 찔렀다'

을미사변을 성공시킨 일본은 친일파인 김홍집을 중심으로 한 친일내각을 구성하였다. 그리고 청일전쟁 직후 시행한 갑오개혁을 이

대한문을 나서는 명성황후의 국장 행렬. 을미사변은 대한제국 성립의 한 촉매제가
되었으며, 대한제국이 성립되고 나서야 명성황후의 장례의식이 거행되었다.

어나갔다. 일본의 목표는 조선 사회를 일본과 동일한 방식으로 개
조하는 것이었다. 나중의 조선 침략시를 대비한 사회적 인프라를
구축하는 일환이었다. 여러 면에서 문화충돌과 저항이 발생하게
되었다.

이때의 개혁을 을미개혁이라고 한다. 태양력 사용과 단발령이 대
표적이다. 당시 우리 국민들이 신앙적 수준의 가치를 부여하고 있
던 상투를 강제로 자르게 한 단발령은 불에 기름을 붓는 격이었다.
국모를 살해한 일본과 친일정권에 대한 거족적인 반발이 의병 봉기
로 불타올랐다. 전국 각지에서 일어난 의병 봉기를 진압하기 위해
한성에 주둔하고 있던 병력이 지방으로 빠져나갔다.

이 틈을 이용하여 고종은 처소를 러시아 공사관으로 옮겼다. 이른바 아관파천이다. 명성황후의 비극적인 죽음을 보며 자신도 신변의 위협을 느꼈기 때문이다. 고종은 친일파 각료를 파면하고 친러파를 등용하였다. 김홍집 내각은 붕괴되었다. 그날로 퇴청하던 김홍집 등은 분노한 국민들에게 피살되었다.

1994년 여름 일본 후쿠오카 시내의 구시다 신사에서 흥미로운 칼 한 자루가 발견되었다. 길이가 120센티미터인 이 칼의 손잡이에는 다음과 같은 글씨가 새겨져 있었다.

一瞬電光刺老狐 일순전광자노호

'늙은 여우를 단칼에 찔렀다'는 의미다. 이 칼은 명성황후를 살해하는 데 가담한 도 가즈아키가 기증하였다. 도 가즈아키는 미우라 공사의 개인비서였다. 구시다 신사의 물품 기록에도 '조선의 왕비를 벤 칼'이라고 쓰여 있다고 한다. 이로 미루어 이 칼이 명성황후를 시해하는 데 쓰인 칼임은 분명한 것 같다.

사람을 죽인 칼에 그 내용을 새기고 다닐 만큼 그는 자신이 명성황후를 시해한 일을 자랑스러워했던 것이다. 그런 그가 칼을 신사에 맡기면서 다시는 이 칼이 세상에 나오는 일이 없도록 해달라는 참회의 말을 했다지만, 씁쓸한 여운은 가시지 않는다.

참고문헌

한영우,《명성황후, 제국을 일으키다》, 효형출판, 2001.

최문형,《명성황후 시해사건》, 민음사, 1992.

김문자,《명성황후 시해와 일본인》(김승일 옮김), 태학사, 2011.

이민원,《명성황후시해와 아관파천》, 국학자료원, 2002

독립운동사편찬위원회,《독립운동사》1, 1970.

角田房子,《閔妃暗殺》, 新潮社, 1988.

村松梢風,《朝鮮王妃秘話》, 比良書房, 1950.

山辺健太郎,《日本の韓国併合》, 太平出版社, 1966.

불법으로 대한제국의 외교권을 박탈하다

일본, 러시아에 선전포고하다

청일전쟁에서 승리한 일본은 조선에서 청나라 세력을 몰아내고 우월적 지위를 확보하였다. 명성황후 시해사건으로 조선에 대한 불간섭 방침을 표명하며 잠시 주춤하긴 하였지만, 서구 제국주의 국가들이 서로 다투는 국제정세를 활용하여 조선을 독점 지배할 계책을 세워나갔다.

이제 그들의 목표는 러시아였다. 황제국가를 선포한 대한제국과 밀월관계를 유지하고 있는 러시아는 반드시 극복해야 할 대상이었다. 1903년 12월 일본 정부는 '한국은 어떠한 경우에도 실력으로 일본의 권력 아래 두어야 한다'고 각의에서 의결하였다. 그리고 러일전쟁을 시작하면서 '한국의 안전은 일본의 안전과 관련되는 중대사이다. 러시아가 만주를 병합하려 하고, 그렇게 되면 조선을 보전

대한제국   +++

　대한제국은 1897년부터 1910년 일본에 국권을 상실할 때까지의 우리나라 이름이다. 조선은 청나라, 일본, 러시아 등의 간섭에 시달렸다. 1895년에는 일본에 의해 명성황후가 시해되고, 고종은 러시아 공사관으로 거처를 옮겼다.

　한동안 한반도에서 어느 한 나라도 절대적인 주도권을 행사하지 못하는 힘의 균형이 이루어졌다. 국민들 사이에서는 자주독립에 대한 자각이 크게 일었다. 국민 계몽을 위한 신문이 창간되고, 자주독립 의지를 표상하는 독립문 건설운동이 전개되었다. 이 같은 상황 변화에 힘입어 고종은 러시아 공사관에서 경운궁(덕수궁)으로 돌아왔다. 고종이 환궁한 후 독립협회와 일부 수구파 세력이 연합하여 칭제건원稱帝建元(황제의 나라를 칭하고 독자적인 연호를 정하는 일)을 추진하였다.

　1897년 10월에 황제즉위식이 거행되고, 새로운 국호 '대한제국'(연호는 광무)이 선포되었다. 독립협회는 입헌군주제를 추진하였다. 1898년 3월에는 1만여 명이 참가한 가운데 만민공동회를 개최하여 자주독립의 의지를 널리 알렸다. 러시아와 일본은 한국의 내정에 간섭하지 않는다는 니시-로젠 협정을 체결하였다. 하지만 전제군주제 유지를 주장한 수구파의 반대로 독립협회의 꿈은 무산되었다. 1904년 만주에서의 이권을 둘러싸고 일본과 러시아 사이에 전운이 감돌자, 대한제국은 대외중립을 선언하였다. 일본은 이를 무시하고 대한제국의 주권을 침해하였으며, 마침내 1910년 대한제국은 역사의 뒤안길로 사라졌다.

하기 어려워지므로 러시아에 선전을 포고한다'고 천명하였다.

러일전쟁은 1904년 2월 8일 일본 함대가 러시아 극동함대의 근거지인 여순항을 기습하면서 막이 올랐다. 전쟁을 일으킴과 동시에 일본은 대한제국 정부에 '한일의정서' 체결을 강요하였다. 협정의 핵심은 일본이 전략상 필요한 한국 영토를 점유해 사용할 수 있다는 조항이었다.

러일전쟁이 발발할 조짐이 보이자 대한제국은 서둘러 중립국을 선포하였다. 일본이 이를 받아들일 리 만무했다. 일본은 대한제국의 중립국 선포를 무시하였다. 전쟁이 시작되자마자 일본군 5개 대대가 한반도로 진주하였다. 러일전쟁으로 인해 한반도는 일본의 군사적 강점 아래 놓이게 되었다.

그해 8월 22일에는 제1차 한일협약이 체결되었다. 일본이 재정 고문과 외교 고문을 대한제국 정부에 파견하고, 대한제국이 외국과 조약을 체결할 때 일본과 사전협의해야 한다는 내용이었다. 대한제국은 국가재정권을 박탈당하고, 외교의 실권도 잃게 되었다. 무서울 만큼 치밀하게 일본의 한반도 식민지화가 진행되었음을 알 수 있다.

외교 고문에는 미국인 스티븐스가 부임하였다. 스티븐스는 일본인보다 더 일본의 이익을 위해 앞장선 일본의 충실한 하수인이었다. 그는 1908년 샌프란시스코에서 장인환 의사의 총을 맞고 절명하였다. 재정 고문으로 온 메가타 다네타로는 대한제국의 화폐제도를 개혁함으로써, 한국 경제가 일본에 예속되는 발판을 마련하였다.

일본은 한반도에서 자신들의 세력을 넓히기 위해 미국과 영국 등 서구 열강을 자기편으로 끌어들이는 용의주도한 노력을 기울였다.

대한제국과 외교관계를 맺고 있는 나라의 동의 없이는 일본의 꿈도 백일몽이 되기 때문이었다. 미국과는 1905년 7월 태프트-가쓰라 밀약을 체결하였다. 일본은 미국의 필리핀 지배를 인정하고, 미국은 일본의 한반도 지배권을 용인하는 내용이었다. 8월에는 영국과 제2차 영일동맹을 맺었다. 중국과 한반도에서 상대방의 권익을 보장하는 것이 서로에게 이익이기 때문이었다. 1907년에는 프랑스와도 협약을 맺어 프랑스의 베트남 지배와 일본의 한반도 지배를 서로 승인하였다. 우리의 의사는 아랑곳없이 제국주의 국가들이 서로의 이해에 따라 합종연횡하는 약육강식의 놀음이 자행되었다.

대한제국의 보호국화에 착수하다

러일전쟁은 일본의 승리로 막을 내렸다. 일본은 미국의 도움을 받아 러시아와 '포츠머스 강화조약'을 체결하였다. 일본은 포츠머스 강화조약을 통해 러시아로부터 한반도의 지배권을 승인받았다. 러시아의 동의마저 얻어낸 일본은 본격적으로 대한제국의 보호국화에 착수하였다.

1905년 11월 9일, 일본 정부의 특사 이토 히로부미가 서울에 들어왔다. 이토는 다음날 고종을 만나 "짐이 동양평화를 유지하기 위해 대사를 특파하오니, 대사의 지휘에 따라 조치하소서"라는 일본 천황의 친서를 전하였다. 그리고 위협적인 어조로 새로운 조약 체결을 요구하였다. 15일에 고종을 다시 만난 이토는 보호조약안을 제

일본군 기병 장교와 병사들이 덕수궁 주위를 순찰하고 있다.

시하며, 조약 체결을 거부하면 대한제국의 안위를 보장할 수 없다고 위협하였다. 고종은 조인할 수 없다는 뜻을 밝혔다. 사안이 중대하기 때문에 정부 각료와 국민의 의향을 확인해야 한다는 것이었다. 이토는 대한제국 대신들을 향한 공작에도 착수하였다. 대신들을 납치하다시피 자신의 숙소로 불러 모아 조약 체결이 피할 수 없는 대세임을 강변하며 찬성을 요구하였다.

　11월 17일 오전 일본 공사 하야시 곤스케는 대한제국 정부 대신들을 일본 공사관으로 불렀다. 2천 명이 넘는 일본군, 헌병대, 경찰대가 서울 시내에 쫙 깔려 공포 분위기를 조성하였다. 하야시 공사는 조약 체결을 윽박질렀다. 눈치만 보고 있던 대신들이 결론을 내지 못하자 어전회의를 개최하게 되었다.

하세가와 요시미치 주차군 사령관과 나란히 앉아 통감부로 향하는 이토 히로부미(왼쪽).

오후 3시 무렵부터 고종이 참석하지 않은 가운데 어전회의가 개최되었다. 무장한 헌병과 경찰이 회의장을 둘러쌌다 이런 공포 분위기 속에서도 조약 체결은 가결되지 않았다. 총리대신 한규설의 태도가 특히 완강하였다. 조약 체결이 물거품될 상황이었다.

당황한 하야시 공사가 이토에게 분위기를 전하였다. 잠시후 이토 히로부미가 하세가와 요시미치 주차군 사령관을 대동하고 나타났다. 무장한 헌병들이 그들을 호위하고 있었다. 이토는 먼저 고종 알현을 청하였다. 고종은 인후통이 심하다며 만나주지 않았다.

회의장으로 성큼성큼 들어선 이토는 참석자들을 매섭게 쏘아보았다. 그리고 연필을 들어 핥으면서 대신 한 사람 한 사람에게 조약에 찬성하는지 반대하는지 물었다. 한규설과 탁지부대신 민영기는

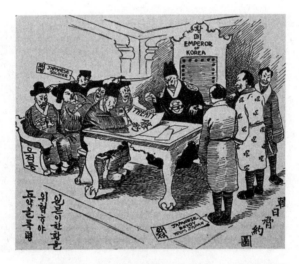

샌프란시스코 한인단체가 발행한《신한민보》(1913. 8. 29)에 실린 삽화.
을사늑약에 분노하는 고종과 칼을 들고 협박하는 일본의 모습을
담아 〈한일협약도〉韓日脅約圖라고 표기하였다.

조약 체결에 반대하였다. 소리내어 통곡하던 한규설은 다른 방으로
끌려 나갔다. 법부대신 이하영은 소극적인 반대 입장을 보였다. 이
토의 강압을 이기지 못한 다른 대신들은 약간의 내용을 수정하는
조건으로 조약 체결을 받아들였다. 이토는 자신이 직접 수정 문구
를 손질하였다.

자정을 넘긴 다음날 새벽 1시경이 되어서야 하야시 일본공사와
박제순 외부대신 사이에 협약이 체결되었다. 협약에 찬성한 사람은
외부대신 박제순, 내부대신 이지용, 군부대신 이근택, 학부대신 이
완용, 농상공부대신 권중현이었다. 세상은 이들을 가리켜 '을사오
적'乙巳五賊이라고 부른다.

을사늑약의 핵심은 대한제국의 외교권 박탈이다. 대한제국은 더이상 독자적으로 외국과 조약을 체결할 수 없게 되었다. 국제사회를 향해 자신의 의견을 제대로 말할 수 없는 나라가 된 것이다. 다음해 1월 대한제국의 외부가 폐지되고, 대한제국의 해외공관이 모두 폐쇄되었다.

또 하나의 중요한 사항은 통감부 설치다. 대한제국 황제 밑에 일본 정부를 대표하는 통감을 두게 되었다. 조선측의 요구에 따라 통감은 '외교에 관한 사항'만 맡는 것으로 문안이 작성되었으나, 결국 통감부는 모든 분야의 정책을 좌지우지하는 기관이 되었다. 초대 총독으로 이토 히로부미가 부임하였다.

국제법 요건을 갖추지 못한 을사늑약

을사늑약은 국제법상 성립되지 않는 조약이었다. 대신 가운데 고종에게 조약 체결을 위임받은 사람은 아무도 없었다. 회의 결과 또한 고종의 재가를 받지 않았다. 고종은 그 후 여러 경로를 통해 조약이 무효임을 해외에 알리며 국제여론에 호소하였다. 황실 고문 호머 헐버트에게 맡겨 미국을 비롯한 외국 국가원수들에게 보낸 친서도 발견되었다.

일본은 우리 정부의 대신이 조약에 조인했다고 주장하지만, 그것은 총칼의 위협과 강요에 의한 것입니다. 짐은 국법에 규정된 각의 개최를

을사늑약은 무효다: 고종 국서 +++

을사늑약이 체결된 데는 국정의 최고 책임자인 고종의 책임이 크다. 하지만 고종은 자신이 할 수 있는 한 조약을 비준하지 않으려 애썼으며, 그렇기에 을사늑약은 법적 조약 체결권자인 고종의 의사에 반하고 절차상의 문제를 내포한 조약이 되었다. 고종은 국제사회에 알려 조약을 무효화하기 위해 애썼다. 영국 《런던 트리뷴》(1906. 2. 8)에 보도된 1906년 1월 29일자 국서를 비롯해, 독일의 빌헬름2세에게 보낸 밀서, 1906년 6월 호머 헐버트 편으로 보낸 친서, 1907년의 헤이그 특사 파견 등이 대표적이다. 아래 인용한 내용은 《런던 트리뷴》 더글러스 스토리 기자에게 보낸 고종의 국새가 찍힌 국서를 현대어로 풀이한 것이다.

1 1905년 11월 17일 일본 사신과 박제순이 체결한 조약 5개조는 황제께서 처음부터 인허하지 않았을 뿐 아니라 친히 국새를 찍은 일도 없다.

2 황제께서는 이 조약을 일본이 멋대로 반포하는 것을 반대하신다.

3 황제께서는 독립적인 군주권을 단 하나도 다른 나라에 양여한 일이 없다.

4 일본의 외교권에 대한 억지 조약도 근거가 없거늘, 하물며 내치의 일을 단 한 건이나마 어찌 인준하겠는가.

5 황제께서는 통감이 한국에 주재함을 허가하지 않으며, 황실의 권한을 단 하나도 외국인이 멋대로 행하도록 허락한 일이 없다.

6 황제께서는 세계 각국이 한국의 외교를 이전처럼 보호해줄 것을 원하며, 그 기한은 5년으로 확정하기를 희망한다.

《대한매일신보》(1907.1.16)는《런던 트리뷴》에 보낸 고종의 국서 원문을 게재하며 다음과 같은 설명문을 달았다

광무 10년(1906년) 1월 29일 한국 황제 폐하께서 재작년의 신조약에 반대한다는 내용으로 런던 트리뷴 신문사의 특파원 더글러스 스토리 씨에게 위탁하신 친서를 우리 신문에 인쇄 게재함이 오른쪽과 같음

영국《런던 트리뷴》관련 보도와 함께 고종이 을사늑약에 반대하고 조인이 무효임을 보도한《대한매일신보》기사.

승인한 일도 없고, 대신들에게 조인을 허가한 일도 없습니다. 각의는 일본이 우리 대신들을 강제 구속해 개최한 것으로서, 을사늑약은 무효임을 선언합니다.

고종은 특히 미국에 큰 기대를 걸었다. 조미수호조약에 제3국의 부당한 행동을 상대국이 중재하도록 되어 있기 때문이었다. 그러나 고종의 밀명을 받은 헐버트는 미국 국무장관을 만날 수조차 없었다. 고종은 1907년에도 헤이그 만국평화회의에 밀사를 파견하였다. 을사늑약이 일본의 강압에 의해 이루어진 것임을 폭로하고, 조약 이전의 상황으로 되돌리기 위해서였다.

을사늑약 조약문은 국제법상의 요건조차 구비하지 못하였다. 체결 당시 조약의 제목도 정해지지 않았을 뿐 아니라, 조약문에 아예 제목이 누락되어 있다. 프랑스의 프랑시스 레이 교수는 을사늑약이 국제조약에 필요한 형식적인 요건을 갖추지 못한데다가 첫머리에 조약의 명칭조차 비어 있어 국제조약으로 인정하기 어렵다고, 일찍이 프랑스 잡지 《국제공법》 1906년 2월호에서 주장하였다.

국제법학자 도시환 교수는 〈을사조약의 국제법적 문제점에 대한 재조명〉이란 논문에서 국제법적 기준에서 을사늑약의 문제점이 무엇인지 다음과 같이 짚었다.

당시 대한제국의 헌법에 해당하는 1899년 대한국제 제9조에 의하면 조약 체결권자는 고종 황제이므로 고종 황제의 비준이 필요하고, 비준한 후 양국의 전권위임대표에 의해 비준서가 상호 교환되어야 양국간 조약으로서 성립하는데, 고종 황제는 이에 비준하지 않았다. 즉 한국 황제의 비준이 필요했음에도 불구하고 이를 구비하지 못했던 을사늑약은 성립조차되지 않은 조약, 환언하면 조약으로 완성되지 않은 상태에 불과한 것이다.
《국제법학회논총》 60권 4호

을사늑약의 체결에 우리 민족은 여러 형태의 저항으로 맞섰다. 언론인 장지연이 《황성신문》에 쓴 〈시일야방성대곡〉是日也放聲大哭(오늘 목 놓아 우노라)은 을사늑약과 조약 체결에 앞장선 을사오적에 대한 국민들의 분노를 대변하는 것이었다.

오호라! 저 돼지와 개만도 못한 우리 정부의 대신이란 자들이 영달과 이득을 바라고, 거짓된 위협에 겁을 먹고서 머뭇거리고 벌벌 떨면서 달갑게 나라를 파는 도적이 되어, 4천 년 강토와 500년 종묘사직을 남에게 바치고, 2천만의 목숨을 모두 다른 사람의 노예로 만들었으니, … 아, 원통하고 분하도다. 우리들 2천만 남의 노예가 된 동포여! 살았는가, 죽었는가?

뜻있는 인사들은 죽음으로써 조약 체결에 항거하였다. 민영환과 조병세 같은 이들이다. 적극 투쟁에 떨쳐나선 무리도 있었다. 민종식, 최익현, 신돌석, 유인석 등은 조약의 파기를 주장하며 전국 각지에서 의병을 일으켰다.

참고문헌

독립운동사편찬위원회,《독립운동사》1, 1970.

김삼웅,《을사늑약 1905, 그 끝나지 않은 백년》, 시대의창, 2005.

윤진헌 편저,《한국독립운동사》하, 한국학술정보, 2008.

도시환, 〈을사조약의 국제법적 문제점에 대한 재조명〉,
《국제법학회논총》60권 4호, 2015.

姜在彦,《朝鮮近代史硏究》, 日本評論社, 1970.

山辺健太郎,《日本の韓国併合》, 太平出版社, 1966.

모조리 불사르고 모조리 살육하라

　우리 민중들은 국토를 강점하려는 일본의 야욕을 일찍부터 꿰뚫어보고 있었다. 철도와 큰 도로가 난 주변의 백성들은 기차의 통행을 방해하고 전선을 파괴하며 일본의 침략에 맞섰다. 일제가 을사늑약을 강요하여 주권을 빼앗으려 든 1905년 이후에는 광범위한 의병전쟁으로 발전해갔다.

　의병의 중심은 지방 유생과 농민이었다. 먼저 의병을 일으킨 사람들은 민종식, 최익현 같은 전직 관리와 양반 유학자들이었다. 민종식이 이끈 의병은 1906년 5월 충청남도 홍주를 점령해 기관포대를 앞세운 일본군과 맞섰다. 을미의병 이후 가장 큰 규모의 홍주성 공방전을 시작으로 후기 의병항전의 막이 올랐다. 이어 최익현이 전라북도 태인에서 봉기하였다. 재야 유림의 거두였던 최익현은 자신의 뜻을 이루지 못하고 일본군에 붙잡혀 쓰시마로 유배된 끝에 그곳에서 순사하였다.

이 당시의 의병장으로 눈길을 끄는 사람은 평민 의병장 신돌석이다. 경상북도 영해에서 거병한 신돌석은 평민 출신이라는 것도 화제이지만, 신출귀몰한 전법으로 신화 같은 이야기를 후세에 전하고 있다. 이후 의병의 중심은 빠른 속도로 농민으로 옮겨간다. 의병 지도층에 농민 출신의 비율이 늘어남으로써, 의병전쟁이 유생 주도형에서 평민 주도형으로 변하는 것이다.

의병전쟁의 거센 불길이 된 대한제국 군대의 해산

다소 기세가 누그러지는 듯했던 의병 활동은 1907년 고종의 강제 퇴위와 군대 해산을 계기로 거국적인 의병전쟁으로 다시 불타올랐다. 많은 군인들이 의병 부대에 합류하였으며, 농민은 물론 포수, 머슴 출신에 이르기까지 그 구성원이 다양해졌다.

고종이 헤이그 만국평화회의에 밀사를 파견한 사실을 빌미로 일본은 고종의 퇴위를 밀어붙였다. 조선 통감 이토 히로부미는 일본 정부에 보낸 전보에서, 고종의 밀사 파견은 일본에 대한 적의의 표현이자 조약 위반이므로, 일본은 대한제국에 선전포고할 권리가 있다고 주장하였다. 일본 내의 강경론자들은 합병도 불사할 만한 강경한 정책을 주문하였다. 고종의 반대에도 불구하고 끝내 황태자가 고종을 대리한다는 조칙이 발표되었다. 일제는 서둘러 양위식을 거행하였다. 이렇게 하여 대한제국의 마지막 황제인 순종이 즉위하게 되었다.

고종의 퇴위 소식을 들은 백성들은 경운궁 대한문 앞에 모여 고

1904년 철도 선로를 파괴하였다는 죄목으로 총살당한 세 농민의 처형장면.
프랑스 언론《르 프티 파리지앵》에도 보도되었다.

종에게 양위하지 말라고 애원하였다. 흥분한 군중들은 일본인과
매국노들을 공격하였다. 일본 경찰과 군대는 무자비한 방법으로 군
중을 진압하였다. 일본 정부는 헤이그 밀사 같은 사건이 다시는 발
생하지 않도록 하는 근본적인 해결책을 서둘렀다. 정미丁未7조약이
란 이름의 조약 체결이었다. 중요한 정책을 시행하거나 관리를 임명
할 때 통감의 승인을 받도록 한 이 조약으로 대한제국은 사실상 일
본의 식민지로 떨어졌다.

　이토 히로부미와 이완용은 정미7조약을 체결하면서 비밀각서를
교환하였다. 군대 해산을 포함한 다음 단계의 조치였다. 군대가 없
이 나라가 지탱되기는 불가능한 일이다. 일본은 그동안 대한제국의

1907년 통감부에 의해 해산되기 직전의 대한제국 군대.

군사주권을 빼앗기 위해 부단히 노력해왔다. 별기군과 훈련대라는 신식 군대를 자신들의 영향력 아래 양성하였는가 하면, 군부내 일본인 고문의 주도 아래 군제를 개혁해 사실상 군 전체를 통제하고 있었다.

이렇듯 대한제국의 군대는 독립된 나라의 군대라기보다는 일본에 의해 편성되고 조련된 식민지 군대의 성격이 짙었다. 그런데도 일제는 불안하였다. 그래서 선택한 결정이 대한제국 군대의 완전 무력화였다. 군대 해산의 명분으로 일본은 "장차 징병법을 시행하여 보다 정예한 새 군대를 양성하기 위한 준비단계로 현 군대를 정리" 한다는 이유를 내걸었다.

당시 조선에 주둔하고 있던 일본군은 1개 사단 규모였다. 군대 해산을 앞두고 일본에서 증원군이 도착하였다. 다음해 봄까지 일본 군의 규모는 2개 사단 규모 이상으로 늘어났다. 증원군을 지방에 배치한 일본은 전국에 흩어져 주둔하고 있던 주차군 병력을 한성 에 집결시켰다. 인천항에 정박한 3척의 구축함이 비상시에 대비하 고, 한반도 연안을 해군 함대가 초계하는 가운데 7월 31일 밤에 군 대 해산 조칙이 반포되었다.

다음날인 8월 1일 오전에는 서울 동대문 훈련원에서 군대 해산식 이 거행되었다. 사병들에게는 맨손 훈련을 한다고 속였다. 몇 푼의 은사금이 지급된 다음에야 병사들은 사태를 알아챘다. 하지만 속 수무책이었다. 무장해제를 당한데다 중무장한 일본군이 훈련원을 사방으로 에워싸고 있었던 것이다.

한성을 시작으로 8월 3일 개성, 청주, 4일 대구, 5일 안성의 순서 로 지방 진위대도 해산되었다. 북청 진위대를 끝으로 한 달여 만에 모두 군복을 벗어야 했다. 대한제국 정부군 8,400여 명이 해산당하 고, 황궁을 지킬 1개 대대 병력만 남게 되었다.

놀라울 만큼 용의주도하고 신속한 작업이었다. 하지만 한 나라의 손발을 잘라버리는 폭거에 저항이 없을 수 없는 법이다. 첫날부터 완강한 저항이 시작되었다. 훈련원에 가려고 영문을 나서던 훈련대 의 일부가 봉기해 일본군과 교전이 벌어졌다. 대대장 박승환의 자결 이 계기였다. 이들은 자신들의 병영을 사수하며 기관포로 무장한 몇 배가 넘는 일본군과 4시간이 넘도록 전투를 벌였다.

8월 3일에는 원주 진위대가 봉기하였다. 진위대 장교 민긍호의 인 솔 아래 진위대 병사 250명 전원이 일본군과 맞서 싸웠다. 이들은 강원도 의병의 핵심이 되었다. 8월 9일에는 수원 진위대 강화 분견대가 해산에 맞서 궐기하였다. 강화 분견대 병사들은 황해도와 경기 지역 의병의 중추가 되었다. 홍주 진위대는 집단 탈영을 하였으며, 상당수가 의병에 가담하였다.

2년에 걸친 대일전쟁과 일본군의 무차별 학살

군대 해산은 대한제국의 멸망을 암시하는 비극적인 사건이었다. 그러나 해산된 군인들이 의병 대열에 참가함으로써 의병전쟁은 그 이전과 다른 양상으로 전개되었다. 이때부터 2년여에 걸친 의병전쟁은 범국민적인 대일전쟁이었다.

의병의 항전은 순식간에 전국으로 확산되었다. 일본군이 주둔한 주요 도시만 일본의 영향력이 유지되었을 뿐, 대부분의 농촌 지역은 의병의 세상이 되었다. 놀란 일본은 바다를 건너 증원군을 끌어왔다.

일본군은 무차별 살육작전을 전개하였다. 의병에 도움을 주는 마을은 연대책임을 물어 전부 불태워버렸다. 모조리 약탈하고, 모조리 불사르고, 모조리 살육한다는 삼광三光정책이 작전의 기본이었다.

며칠 동안 우리는 불타버린 마을, 황폐한 도시, 그리고 버려진 지방을 통과했다. … 충주에 이르기까지 길가의 마을은 거의 반수가 일본인에 의해 파괴되었다. 충주에서 나는 하룻길이 되는 제천을 향해 산길을 곧바로 접어들었다. 충주와 제천 사이에 있는 부락의 5분의 4는 불타서

해산 군인들의 항거를 진압하는 일본군(프랑스 신문《르 프티 주르날》).

쓰러져 있었다. …

내가 제천에 이르렀을 때는 햇살이 뜨거운 초여름이었다. 마을이 내려다보이는 언덕 위에 일장기가 햇빛에 눈부시게 펄럭이고 있었으며, 일본 위병의 총칼이 번쩍거리고 있었다. 나는 언덕에서 내려와 마을로 들어가 잿더미 위를 걸었다. 나는 이제까지 그토록 심한 참사를 본 적이 결코 없었다. 한 달 전만 해도 사람들이 붐볐고 풍요했던 마을이 이제는 검은 잿더미밖에는 아무것도 없었다. 벽, 기둥, 장독, 그 어느 것도 성한 것이 하나도 없었다. 여기저기에는 값나가는 물건을 찾기 위해 잿더미를 뒤적이는 사람들이 있었지만 부질없는 일이었다. 이제 제천은 지도상에서 없는 마을이 되었다.

　F.A. 맥켄지, 《대한제국의 비극》(신복룡 옮김)

이 당시 의병을 찾아 충주와 제천 지방을 여행한 캐나다 출신의 영국 기자 프레데릭 맥켄지가 남긴 기록이다. 일본군의 만행이 얼마나 극심했는지 알 수 있다. 일본이 스스로 기록한 자료에서도 같은 상황을 엿볼 수 있다.

시골 주민들이 그들 폭도를 동정하여 비호하는 경향이 있었다. 토벌대는 고시告示된 대로 현지 마을에 책임을 물어 모두 죽이거나 마을을 온통 불태우는 등의 조치를 실행하여, 충청북도 제천 지방처럼 보이는 모든 것이 초토화되기에 이르렀다.

　朝鮮駐箚軍司令部 編纂, 《朝鮮暴徒討伐誌》

영국《데일리 메일》기자 프레데릭 맥켄지가 경기도 양평 부근에서 촬영한 의병.

일본군 사령부가 발행한 자료집에 실려 있는 내용이다. 이 책에 의하면 1906년부터 1911년까지 전사한 의병의 숫자가 17,779명이다. 그런데 같은 기간 동안 목숨을 잃은 일본군은 136명밖에 되지 않는다. 현격한 장비의 차이를 인정하더라도 다른 전투에 비해 그 차이가 너무 크다. 이것은 곧 무저항 상태의 촌민들을 무차별 학살했으며, 그 숫자가 의병 전사자 수에 포함되었다는 방증에 다름아니다. 같은 기간의 의병 부상자수가 3,706명으로 전사자에 비해 월등히 적은 것도 통상적인 전투와 다른 점이다. 이 또한 무차별 학살의 증거임이 분명하다.

의병전쟁 기간 동안 전국의 산중 사찰들은 임진전쟁 때에 맞먹는 재앙을 당하였다. 의병의 대부분이 산속으로 숨어들었기 때문에, 자연히 산중 사찰 가운데는 의병의 은신처 역할을 한 곳이 적지 않았다. 토벌대는 의병의 근거지를 없애기 위해 곳곳에 불을 질렀다.

수백 년 된 고찰古刹도 화마를 피하지 못하였다. 구례 연곡사, 풍기 각화사, 철원 심원사, 수원 용주사 등 피해를 입은 사찰을 일일이 헤아리기조차 어렵다.

희망 없는 전쟁에 기꺼이 목숨을 바친 의병들

일본군의 만행을 눈으로 지켜보면서 의병들은 일본을 반드시 이 땅에서 몰아내야 할 존재로 여기게 되었다. 그리하여 계란으로 바위를 깨는 일인 줄 알면서도 13도창의군을 결성해 서울 공격전을 개시하였다. 1908년 정월 서울 진격에 나선 의병의 수는 1만 명에 달하였다. 의병들은 각국 공사관에 격문을 보내 의병이 국제법상의 교전 단체임을 선언하였다. 그리고 일본군의 철수를 주장하였다. 일부 의병부대는 서울 세검정까지 진출하였으나, 중화기를 앞세운 일본군의 완강한 저항에 밀려 서울 점령의 꿈을 접어야 하였다.

의병들이 사용한 기본 화기는 화승총이었다. 기관총과 신식 소총을 앞세운 일본군의 무력에 비할 바가 아니었다. 의병 부대를 방문한 맥켄지는 의병들이 가지고 있는 총이 저마다 제각각인데다 성한 것이 하나도 없었다고 하였다. 의병들은 희망이 없는 전쟁에 기꺼이 목숨을 바쳤다. 일본의 노예로 사느니 자유민으로 죽겠다는 각오였다.

의병 활동은 1908년이 가장 치열하였다. 이해 6월에만 31,245명의 의병이 일본군과 교전하였다. 민긍호, 허위, 이강년 같은 의병장들이 사살되거나 체포되었어도 의병의 저항은 겨울까지 줄기차게 이어졌다.

다음해인 1909년 의병전쟁의 특징은 소부대로 분산해 전투를 벌인 점이다. 일본군의 공세에 밀려 더 이상 대규모 전투는 불가능하였다. 하지만 전투 횟수는 1908년과 거의 비슷하였다. 전술적으로 한층 세련되어져 민첩한 기습작전으로 일본군을 궁지에 빠뜨리곤 하였다.

의병전쟁이 장기전으로 돌입하자 일제는 점점 초조해졌다. 그래서 전쟁을 하루속히 마무리짓기 위해 이른바 남선대토벌작전을 전개하게 된다. 조선에 주둔하는 일본군을 총동원해 이 잡듯이 동일 지역을 반복 수색하는 전법이었다. 전라남도에서는 육로와 해상 전체를 포위한 다음 그물질하듯이 토벌 작전을 실시하였다. 의병 활동의 불꽃이 맥을 이어가고 있던 황해도와 강원도에서도 대대적인 섬멸 작전이 전개되었다.

국내에서 의병 활동을 지속하기는 점점 어려워졌다. 하는 수 없이 뜻있는 인사들은 만주나 연해주로 자리를 옮겨야 하였다. 그런 엄혹함 속에서도 러시아 땅으로 망명했던 인사들은 의병을 결성해 두 차례나 국내 진공작전을 시도하였다. 한일병합이 이루어진 다음에도 한동안 의병 봉기는 끊이지 않았다. 1910년에만 128회나 일본군과 교전하였고, 이러한 활동은 1913년 무렵까지 지속되었다.

참고문헌

독립운동사편찬위원회,《독립운동사》1, 1970.

김상기, 한국독립운동사연구소(기획),《한말 의병운동》, 선인, 2016.

윤진헌 편저,《한국독립운동사》하, 한국학술정보, 2008.

F.A. 맥켄지,《대한제국의 비극》(신복룡 옮김), 평민사, 1985.

姜在彦,《朝鮮近代史硏究》, 日本評論社, 1970.

山辺健太郎,《日本の韓国併合》, 太平出版社, 1966.

朝鮮駐箚軍司令部 編纂,《朝鮮暴徒討伐誌》, 朝鮮總督官房總務局, 1913.

군대를 앞세워 국권을 탈취하다

새와 짐승이 슬피 울고 강산도 찡그리네

을사늑약으로 외교권을 박탈당하고 통감부가 설치되면서 대한제국은 실질적인 통치권을 이미 일본에 빼앗긴 상태였다. 거기에 만족할 수 없었던 일제는 통감부 주도로 대한제국을 완전 병탄하기 위한 공작을 주도면밀하게 펼쳐나갔다. 1907년 정미7조약을 체결해 내정을 직접 지배하고, 독립국가의 근간인 군대를 강제 해산하였다. 이어 조선인들의 입에 재갈을 물리기 위한 신문지법을 만들고, 집회·결사를 금지하는 보안법을 제정하였다. 1909년에는 대한제국의 사법권을 탈취하였다.

사실상의 식민지나 다름없는 상태가 한동안 지속되었다. 일제가 대한제국의 마지막 숨통을 끊지 못한 것은 국제법 때문이었다. 대한제국 황제와 정부의 동의가 있어야만 합법적인 병탄이 가능했다.

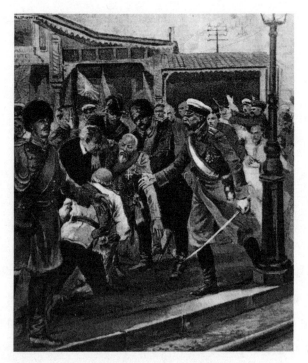

안중근 의사가 이토 히로부미를 처단하는 장면을 그린 그림
(이탈리아 《라 트리부나 일루스트라타》).

러일전쟁에서 승리한 일제는 러시아와 포츠머스 조약을 체결하였다. 포츠머스 조약 회의록에는 '일본이 장래 대한제국에서 취할 필요가 있다고 인정되는 조치가 대한제국의 주권을 침해하게 될 때에는, 대한제국 정부와 합의한 다음 집행할 것을 서명한다'는 내용이 들어 있다. 이는 대한제국의 주권을 침탈하려는 일제의 술수이자 열강의 양해를 구하기 위한 잔꾀였다. 하지만 이것이 족쇄가 되어 대한제국을 날름 집어삼킬 수 없었다. 치열하게 전개된 항일의병투쟁도 대한제국 병탄 계획을 크게 지체시켰다.

1909년 들어 일제는 대한제국의 병탄을 서둘렀다. 병탄작업의 밑그림을 그린 조선 통감 이토 히로부미는 추밀원 의장이 되어 일본으로 귀국하였다. 이해 7월 일본 내각회의는 대한제국을 식민지화할 것을 의결하였다. 그러나 뜻밖의 사건으로 일제의 계획은 한동안 난관에 봉착하게 되었다. 안중근 의사의 의거 때문이었다. 대한제국 병탄 문제 등을 러시아와 협의하기 위해 만주에 간 이토 히로부미가 하얼빈 역두에서 안중근 의사의 총에 맞아 숨을 거두었다. 1909년 10월 26일의 일이었다.

잠시 숨고르기에 들어갔던 일제는 다시 대한제국 병탄에 속도를 내기 시작하였다. 다음해 5월 현역 육군 대장으로 육군대신 자리에 있던 데라우치 마사다케가 통감으로 임명되었다. 그의 임무는 한일병합조약을 성사시키는 것이었다.

데라우치가 서울에 도착하기도 전에 일제는 병합을 위한 사전 준비작업으로 먼저 대한제국의 경찰권을 접수하였다. 대한제국 경찰은 폐지되고, 통감부 산하에 경찰권을 담당하는 경무총감부가 설치되었다. 이들이 채택한 제도는 헌병경찰제였다. 헌병사령관이 경무총장을 겸임하였다. 지방에서도 마찬가지로 헌병대장이 각도 경찰부장을 겸임하였다. 이로써 일본군 2개 사단 병력 외에 일본 헌병과 경찰관, 이들의 지휘를 받는 조선인 경찰관과 헌병보조원을 합쳐 1만 명을 상회하는 경찰력이 조선인의 작은 움직임이라도 탐지하고 제어할 수 있는 체제를 갖추었다.

왜 1주일간이나 조약 체결을 비밀에 부쳤을까

서울에 온 데라우치의 손에는 '한일병합 조약문'이 들려 있었다. 그는 일본 정부와 대한제국 병합 후의 통치방침까지 협의하고 온 터였다. 군함 야구모를 타고 인천에 도착해 보병 1개 소대의 호위를 받으며 서울에 들어온 데라우치는 본격적인 공작을 개시하였다. 그는 다시금 이완용을 총리대신으로 하는 내각을 구성하였다. 그리고 비밀리에 총리대신 이완용 등에게 합병조약안을 보이며 합병을 수락하지 않으면 내각을 일진회 회장 송병준에게 넘기겠다고 협박하였다.

1910년 8월 22일의 날이 밝았다. 서울 거리에는 일본 헌병들이 총칼을 번뜩이고 있었다. 나남, 청진, 함흥 등지에 주둔하던 일본군 부대는 서울 용산으로 옮겨와 있었다. 일제의 강요를 이기지 못한 친일내각은 허수아비 황제 순종 앞에서 형식상의 어전회의를 개최하였다. 이 자리에서 한일병합 안건이 의결되었다. 학부대신 이용직

이완용의 한일병합 전권위임장. 관례와는 달리 순종의 이름(坧)이 서명에 들어갔으며,
순종의 친필도 아니다.

이 '이 같은 망국안에는 목이 달아나도 찬성할 수 없다'며 반대한
것을 그나마 다행으로 여겨야 할까.

이날 총리대신 이완용과 일본 통감 데라우치 사이에 한일병합조
약이 조인되었다. 우리는 국가적 치욕이라는 의미에서 '경술국치'庚
戌國恥라고 부르며, '한일합방' '한일강제병탄'이라고도 부른다.

막상 조약을 체결하였지만, 일제는 조선인들의 저항이 두려웠다.
그래서 조약을 체결했다는 사실을 1주일간이나 숨겼다. 이처럼 중
대한 일을 비밀에 부쳤다는 것 자체가 코미디 같은 일이다.

조약안은 1910년 8월 29일 순종의 조칙 형태로 공표되었다. 조칙
에는 대한제국의 국새가 아닌 칙명지보勅命之寶라는 행정 결재에 사
용하던 옥새가 찍혔다. 순종의 서명도 빠져 있다. 이것은 한일병합
조약이 원천무효라는 주장의 근거가 되기도 한다.

8개 조항으로 이루어진 조약의 제1조는 '한국 전부에 관한 일체의 통치권을 완전히 또 영구히' 일본에 넘긴다고 규정하고 있다. 이로써 조선왕조는 건국된 지 27대 519년 만에, 대한제국은 출범 14년 만에 국권을 상실하였다. 그리고 우리 민족은 일제의 식민통치를 받게 되었다.

일본제국주의의 숙원을 이룬 데라우치 마사다케는 연회석상에서 "고바야카와, 가토, 고니시가 이 세상에 살아 있다면 오늘밤 달을 어떤 심정으로 바라볼까?" 하고 시를 읊었다. 고바야카와 다카카게, 가토 기요마사, 고니시 유키나가는 임진전쟁의 선봉에 섰던 장수들이다. 300여 년에 걸친 와신상담 끝에 마침내 조선을 손아귀에 넣었다는 제국주의자의 득의의 풍류였다.

우리 국민들은 8월 30일 아침이 되어서야 겨우 무언가 사단이 난 것을 알 수 있었다. 이날 아침에 마주한 몇몇 신문의 제호가 바뀌어 있었던 것이다. 하루 사이에 《대한매일신보》는 《매일신보》로, 《황성신문》은 《한성신문》으로 이름이 바뀌었다. '대한'이나 '황성'皇城은 더 이상 사용할 수 없는 금기어가 되었다.

존경받던 초야의 선비 매천 황현은 나라가 망했다는 소식을 듣고 "새와 짐승이 슬피 울고 강산도 찡그리네. 무궁화 우리 강산 망하고 말았구나"라는 절명시를 남기고 자결하였다. 금산군수 홍범식과 러시아 공사를 지낸 이범진 등도 죽음으로써 한일병합에 항거하였다.

나라를 빼앗은 일제는 곧바로 대한제국의 관청과 통감부 조직을 개편하여 조선총독부를 설치하였다. 경술국치 이후에는 조선총독부가 한국 통치의 총본산이 되었다. 초대 총독에는 데라우치가 임

마치 한국인들이 한일병합을 환영하는 듯이 왜곡한 일본 엽서.

명되었다. 조선을 통치할 일본인 관리들이 대거 등용되고, 조선인 고등관들은 해고되었다.

군대를 앞세운 강제 점령

데라우치는 강압적인 동화정책同化政策을 추진하였다. 우리 민족은 일본인의 일부가 되어야 하였다. 일본에 복종하든가 그렇지 않으면 칼을 받으라고 데라우치는 위협하였다. 그러나 우리 한민족이 일본인이 될 수는 없었다. 그들 역시 애초부터 우리를 동등하게 대우하고 싶은 생각은 없었다.

우리 민족의 거족적인 저항 속에서 강행된 한일병합은 군대를 앞세운 강제 점령일 따름이었다. 따라서 무력에 의해서만 유지될 수

한일병합 아침의 일본 풍경   +++

"일본인과 조선인은 본시 동일인종이다. 이제 동일인종이 병합에 의해 하나의 국민이 되었으니 조선인의 행복이 어찌 이보다 더 클 수 있겠는가?"

한일병합이 공표된 다다음날 일본《만조보》신문에 실린 기사다. 한일병합 전후로 신문마다 일제히 비슷한 내용의 기사가 실렸다. 거리에는 꽃으로 장식한 전차가 등장하고, 일본열도 곳곳에서 들뜬 분위기의 축하행사가 벌어졌다.

어느 틈에 준비했는지 〈일한병합축가〉도 울려 퍼졌다.

축하하라 노래하라, 일한병합
2천 년 이래 피아 국민
소원이 이루어져 병합이 되었노라
일본과 조선, 이름은 다르지만
오늘부터는 형제자매
축하하라 노래하라, 일한병합
진구 황후, 도요토미 다이코太閤
무용을 떨친 옛 무공
이토伊藤와 사이고西鄕의 충의의 혼
오늘 이 기쁨을 웃으며 받으리
  …

《주간경향》 2020.3.23

한일병합은 2천년 전부터 바라던 두 나라 국민의 꿈이었단다. 그래서 한반도를 무력침공하는 데 앞장선 인물들을 노래 속에 죽 늘어놓았을까? 또 다른 노래 〈일한병합기념가〉는 '일본 남아가 박애의 은혜로움'을 베풀어 병합이 이루어졌다고 노래하였다.

그래도 더러 양심적인 지식인이 있었다.

지도 위 조선국에
새카매지도록 먹칠을 하며
가을 바람 소리를 듣네
누군가 내게
권총이라도 쏴주었으면
이토처럼 죽어나 보여주게

이 시를 쓴 이시카와 다쿠보쿠는 일본지도와 조선지도가 같은 빨간색으로 인쇄된 도쿄 아사히 신문을 펼쳐놓고 조선 지도 위에 검은 먹칠을 하며 이 시를 썼다고 한다. 일본제국 주의가 삼켜버린 조선을 그렇게라도 되살려보려 했던 것일까? 이시카와 다쿠보쿠는 이 시를 쓴 2년 후에 26살의 젊은 나이에 요절하였다. 제국주의의 서슬퍼런 칼날에 맞선 시인의 짧은 삶을 반추하며 가을 바람 소리를 듣는다.

있었다. 일제는 헌병경찰제도를 통한 무단탄압으로 식민지배의 기초를 닦아나갔다. 일본 정부는 조선 총독에 현역 육해군 대장만 임명될 수 있도록 하였으며, 총독은 조선 주둔 일본군의 통솔권까지 손에 쥐었다. 헌병들에게는 즉결처분의 권한이 부여되었다. 인권과 소송절차 따위는 중요하지 않았다. 독립운동가 신채호의 글은 이같은 상황을 생생히 전해준다.

강도 일본이 헌병 정치, 경찰 정치를 행하여 우리 민족은 조그만 행동도 마음대로 못하고, 언론·출판·집회의 일체 자유가 없어 고통과 울분, 원한이 있어도 벙어리 냉가슴이나 만질 뿐이요, 행복과 자유의 세계에는 눈뜬 소경이 되고 말았으며…
　　신채호, 〈조선혁명선언〉

일제는 우리 민족의 말과 행동 하나하나를 감시하였다. 그들은 먼저 항일민족운동을 발본색원하는 일에 나섰다. 황해도 지방의 애국인사 160여 명을 검거한 안악사건(1911년)과 신민회 회원 600여 명을 검거해 기소한 사건(1911년)이 대표적이다. 언론과 출판의 자유도 철저히 봉쇄되었다. 민족언론지들을 폐간하고 《경성일보》 《매일신보》 같은 어용신문과 잡지의 발행만 허용하였다. 민족교육을 금지하여 많은 사립학교가 폐교되었으며, 향촌 교육기관인 서당까지 통제하였다. 그 대신 보통학교와 소수의 고등보통학교를 두어 식민지 하수인을 길러내기 시작하였다. 일반 관리들은 물론이고 교원들마저 제복에 칼을 찬 채 위협적인 분위기를 자아내었다.

　우리 민족의 얼을 압살하려는 일제의 만행은 각 부문에 걸쳐 치밀하게 진행되었다. 조선왕조의 왕궁도 그 손길을 피하지 못하였다. 조선왕조의 법궁이었던 경복궁 근정전 앞에는 식민통치의 본산 조선총독부 건물이 들어섰다. 경복궁의 전각들은 일부만 남긴 채 모두 헐리고 말았다. 창경궁에는 동물원, 식물원이 들어섰다. 경희궁은 완전히 헐린 채 자취조차 사라졌다. 왕도의 지위를 잃은 서울은 경기도 경성부로 격하되었다.

　조선의 국권을 강탈한 일제는 조선 경제를 식민지 경제구조로 만들어나갔다. 그것은 일본 자본주의를 위한 상품시장, 그리고 원료와 식량의 공급기지로 만드는 것이었다. 일제는 국권 침탈 이전에도 통감부의 보호와 원조를 배경으로 금융, 광업, 임업, 어업, 운수, 통신 등 거의 전 산업 분야에 걸쳐 독점지위를 확보한 상태였다. 한일병합은 거기에 날개를 달아주었다. 일제는 토지조사사업의 실시와 함께 광업령, 어업령, 회사령을 실시해 조선 내의 생산기반을 몰수해나가기 시작하였다.

　토지조사사업은 토지의 수탈을 목적으로 한 사업이었다. 토지소유의 증명제도를 확립하고 토지 사유권을 보호한다는 명목과는 달리, 조선 인구의 80퍼센트를 차지하고 있던 농민들 가운데 상당수가 소작농의 지위로 전락하였다. 등록기간이 짧고 신고절차가 복잡했던데다 일제에 대한 반감까지 더해져 많은 농민들이 신고를 하지 못하거나 기피했다. 미등록 토지와 미개간지는 국유지가 됨으로써, 조선총독부는 최대지주가 되었다. 1930년의 통계를 보면, 총독부가 소유한 토지가 전 국토의 40%에 이른다. 조선총독부는 이들 토지

교토 《히노데 신문》에서 부록으로 발행한
'조선쌍육雙六 놀이' 놀이판의 일부. 그림 중앙을
차지한 진구 황후, 도요토미 히데요시,
이토 히로부미 등 조선 침략과 관계있는
인물은 영웅이 되고, 조선은 일본 아이들의
놀잇감이 되었다.

를 동양척식주식회사를 비롯한 일본인들에게 싼값에 불하하였다. 일본인 농업이민이 폭발적으로 한반도로 이주해옴에 따라, 소작인의 지위마저 얻지 못한 우리 농민들은 화전민이 되어 산속으로 숨어들거나 만주로 떠나가야 하였다.

　어업령이나 광업령의 시행 역시 마찬가지였다. 조선왕실과 개인이 소유하고 있던 어장의 소유권이 일본인에게 넘어가고, 주요 광산의 개발 경영권 역시 일본자본의 손아귀에 들어갔다. 1910년 12월에 발효된 회사령은 한국인의 회사 설립을 억제하고 민족자본의 성장을 저해하였다. 소금, 인삼, 아편 같은 산업은 총독부에서 전매하고, 금융, 전기, 철도 같은 기간산업은 일본 기업의 차지가 되었다. 우리 기업은 정미업, 방직업 같은 경공업 분야에서나 겨우 명함을 내밀 수 있었다.

참고문헌

독립운동사편찬위원회,《독립운동사》 1, 1970.

한명근,《한말한일합방론연구》, 국학자료원, 2002.

윤진헌 편저,《한국독립운동사》 하, 한국학술정보, 2008.

김재엽,《100년전 한국사: 개항에서 한일합방까지》, 살림, 2006.

이태진, 와다 하루키 외 공편,《한일 역사문제의 핵심을 어떻게 풀 것인가》, 지식산업사, 2013.

山辺健太郎,《日本の韓国併合》, 太平出版社, 1966.

평화시위를 총칼로 진압하다

조선의 국권을 빼앗은 일제는 우리 민족의 뿌리를 잘라 없애려 하였다. 정치·언론·집회의 자유를 박탈하고, 헌병경찰을 이용하여 사람들의 눈과 귀를 막았다. 일제의 탄압이 거세게 몰아치자 독립 운동의 거점은 만주와 연해주 같은 해외로 옮아갔다. 질식할 것 같 은 무단통치 아래서 우리 민족은 숨을 죽이는 듯 보였다.

독립을 향한 열망, 삼일만세운동으로 타오르다

1919년 봄이 찾아왔다. 민족의 생존을 옥죄어 온 무단통치 10년 째를 맞는 해였다. 돌연 삼천리 방방곡곡에서 거족적인 독립운 동이 발발하였다. 몸을 웅크리고 있었을 뿐, 우리 한민족은 일제 의 식민통치를 받아들일 생각이 없었던 것이다. 삼일운동은 불

서울 덕수궁 앞을 행진중인 만세 시위대.

법부당한 강제병합의 필연적 귀결이었다.

언제 폭발할지 모를 식민지배의 모순이 극한점을 향해 치닫던 때 거기에 불을 댕긴 것은 미국 대통령 윌슨이 천명한 민족자결주의였다. 민족자결주의는 제1차 세계대전의 전후처리를 위한 원칙의 하나로 제창되었다. 패전국의 지배를 받고 있던 식민지 문제를 해결하기 위한 주장에 지나지 않았지만, '각 민족은 자신의 운명을 스스로 결정해야 한다'는 선언은 모든 피압박 민족에게 큰 복음으로 다가왔다. 1917년 볼셰비키 혁명으로 등장한 소련의 혁명 지도자 레닌도 식민지 민족해방을 지원하겠다고 선언하였다.

이러한 국제정세를 활용해 우리 민족의 독립을 되찾으려는 움직임이 국내외에서 분주히 진행되었다. 아메리카 대륙과 상해 등지에서 파리강화회의에 대표를 보내 독립을 호소하려는 움직임이 전개되는가 하면, 만주 일대에서 독립운동을 펼치던 독립운동가들과 일본에 유학중이던 조선인 유학생들이 잇따라 독립선언서를 발표하였다.

기회를 엿보고 있던 국내에서도 천도교와 기독교, 불교 지도자들을 중심으로 만세운동이 계획되었다. 그러던 중 갑자기 고종이 세상을 떠났다. 고종이 비교적 건강한 편이었기에 일제가 독살했다는 소문이 돌며 민심이 흉흉해졌다. 민족지도자들은 독립운동의 대중화, 일원화, 비폭력이라는 3대 원칙을 정하고, 독립선언서를 발표해 국민 여론을 불러일으키는 한편 국제여론으로 일본을 압박하기로 하였다.

3월 1일 오후 2시, 서울 종로에 자리한 태화관에서 민족대표들의 독립선언식이 거행되었다. 독립선언식을 마친 민족대표들은 일본 경찰에 연행되었다. 바로 이웃한 탑골공원에서는 학생 4, 5천 명이 모여 별도의 독립선언식을 치렀다. 학생들은 '대한독립 만세'를 외치며 시위행진에 들어갔다. 시위행렬이 종로 거리로 몰려나오자 군중들이 가세하였다. 순식간에 시위대는 수만 명으로 불어났다. 시위행진은 삽시간에 서울 전역으로 퍼졌다.

3월 1일의 만세시위는 서울에서만 일어난 게 아니었다. 경의선 철도 연변에 위치한 평양, 안주, 의주, 선천, 진남포와 경원선이 이어지는 원산 같은 전국 여러 도시에서 동시다발로 진행되었다. 다음날에는 경기도 개성, 그 다음날에는 충청도 예산 등지에서 만세운동이 벌어졌다. 전라도는 3월 4일의 옥구 시위, 경상도는 3월 8일의 대구 시위, 강원도는 3월 10일의 철원 시위, 함경북도는 3월 10일의 성진 시위를 시작으로 이웃 도시로 확산되었다. 제주에서도 3월 21일부터 시위가 시작되었다.

삼일운동이 전국에 걸쳐 여러 달 동안 계속된 것은 독립에 대한 우리 민족의 열망이 그만큼 컸기 때문이다. 면 소재지 규모의 작은 마을에서도 만세운동이 서너 차례씩 일어나곤 하였다. 종교 교단이나 학생 조직과 관계없이 농민, 노동자, 상인, 기생, 승려 할 것 없이 앞다투어 참여한 거족적인 궐기였다.

모두 몇 명이 시위에 참여하였는지 자세한 규모는 확실치 않다. 박은식의 《한국독립운동지혈사》는 연인원 200만 명이 참가한 것으로 기록하고 있다. 조선총독부가 작성한 자료에 보이는 1919년 3월과 4월의 시위 참가자는 59만 명이다. 요즘도 주최측이 추산하는 시위군중의 수와 경찰측 통계가 다르다는 점을 감안해야 될 성싶다. 국사편찬위원회가 삼일운동 백주년을 맞아 정리한 데이터베이스에 따르면 1,692회 시위가 발생하였으며, 시위 참가자는 100만 남짓이다. 국사편찬위원회의 통계는 현재까지 밝혀진 자료에 나타난 수치를 정비한 것이다. 따라서 실제 시위 참가인원은 이보다 많을 것으로 추측된다. 당시 한반도의 인구가 2천만 명이 채 되지 않았을 뿐 아니라 교통 오지의 농촌 인구가 절대다수였음을 생각하면, 얼마나 많은 사람이 시위에 참가했는지 알 수 있다.

삼일운동의 거센 물결은 국외로도 퍼져나갔다. 우리 동포들이 많

이 이주해 살던 서간도와 북간도를 비롯한 만주 지역, 러시아 연해
주는 물론 미국, 중국 본토, 일본 등지에서도 만세운동이 일어났다.
해외 동포들은 독립국가를 건설하려는 우리 민족의 의지를 세계만
방에 알리는 데 힘을 보탰다. 만주 지역에 거주하는 동포들은 무력
으로 나라를 되찾기 위한 준비에 더욱 박차를 가하였다.

삼일운동의 가장 큰 성과는 대한민국 임시정부의 수립이다. "유
구한 역사와 전통에 빛나는 우리 대한국민은 삼일운동으로 건립된
대한민국 임시정부의 법통…을 계승하고…" 우리의 삶을 보듬어주
는 울타리 대한민국 헌법의 전문 속에 들어 있는 구절이다. 그것은
선언적 의미를 뛰어넘는다. 우리 헌법 1조에 명시된 '민주공화국'과
'국민주권'의 뿌리가 바로 임시정부를 거쳐 삼일운동으로 소급되기
때문이다. 삼일운동으로 우리는 일거에 왕조국가를 뛰어넘어 민주
공화국의 이념을 국가 목표로 설정할 수 있었다. 삼일운동은 다른
나라의 독립운동에도 영향을 끼쳤다. 중국의 5·4운동과 필리핀,
대만 등지의 독립운동에 영향을 주었다.

평화시위에 총칼을 동원하다

시위대는 독립선언서에서 밝힌 지침대로 평화적인 시위를 유지
하였다. 하지만 일제는 만세운동 첫날부터 평화적인 수단을 제쳐놓
고 군병력부터 출동시켰다. 일제의 무차별 탄압으로 첫 희생자가
발생한 지역은 평안도 선천이었다. 3월 1일 선천철도원호대 일본군

일제는 만세운동 첫날부터 군병력을 출동시켜 무자비한 탄압을 자행하였다.
시위를 막기 위해 출동한 일본군이 휴식을 취하고 있다.

과 선천경찰서 경찰이 착검한 채 시위군중을 공격해 3명이 숨지고,
12명이 부상을 입었다. 평안도 안주와 황해도 수안에서는 3월 3일
군경의 발포로 20여 명이 사망하였다.

다음날에도 평안도 강서와 성천에서 사망 사건이 이어졌다. 3월
4일은 강서군 사천 장날이었다. 3천여 명의 시위군중은 이틀 전의
시위로 구금된 사람들의 석방을 요구하였다. 일본 헌병들이 시위
군중을 향해 총을 쏴 현장에서 6명이 숨을 거두었다. 시위대가 해
산한 다음에도 일제의 보복행위가 이어졌다. 같은 날 성천에서도
헌병분견소의 과잉진압으로 23명이 즉사하고, 40여 명이 중상을
입었다.

일제 군경의 무자비한 진압으로 평안도 양덕, 용강, 맹산, 삭주, 철

산, 정주, 힘경도 영원, 단천, 명천, 경상도 영해, 함안, 산청, 합천, 경기도 양주, 충청도 천안, 영동, 진천, 강원도 홍천, 양양, 전라도 남원, 익산 등 전국에서 사망자가 속출하였다. 모두 174곳의 시위 현장에서 사망자가 발생하였다. 만세시위 열 곳 가운데 한 곳꼴로 사망자가 나온 셈이다. 전체 사망자는 최소 900여 명에 이르는 것으로 국사편찬위원회는 추계하고 있다.

일제는 이처럼 잔혹한 탄압으로 시위를 종식시키려 하였다. 시위가 일어나는 곳에는 조직적으로 군대가 투입되었다. 일본 역사학자 야마베 겐타로는 일제의 탄압을 이렇게 설명하였다.

2차 세계대전 중 독일 나치스 군대가 프랑스 레지스탕스를 탄압한 방법과 동일하게 단순 본보기를 위해 대량학살을 저질렀다.

山辺健太郎,《日本統治下の朝鮮》

이런 평가마저 진실을 설명하기에는 턱없이 부족하다. 맹산 학살과 정주 학살 등은 일제의 야만성에 혀를 내두르게 만든다. 맹산에서는 3월 6일부터 매일 만세시위가 벌어졌다. 시위대는 100여 명 규모였다. 일제는 3월 10일 오전 덕천에 주둔하고 있던 일본군 10명을 맹산 읍내로 파견하였다. 이날 오후 맹산 헌병분견소장은 시위대의 해산을 명하고, 주모자 4명을 구금하였다. 분노한 시위대는 헌병분견소로 몰려가 시위를 벌였다. 시위대가 분견소 안으로 들어서자 군경은 문을 잠근 다음 무차별 사격을 가하였다. 그리고는 쓰러진 사람들 사이를 걸어 다니며 아직 숨이 붙어 있는 사람들을 총검으로 찔러 죽였다. 모두 54명이 학살당하였다.

3월 31일은 정주 장날이었다. 이날 만세운동에 참가한 시위군중은 2만 5천 명이나 되었다. 일본 헌병이 시위대를 가로막았다. 그리고 선두에서 태극기를 들고 만세를 외치던 최석일의 손을 일본도로 내리쳤다. 헌병보조원들이 시위군중을 쇠갈고리로 찌르고, 경찰은 총을 난사하였다. 92명이 현장에서 숨지고, 100여 명이 부상을 입었다. 시위가 끝난 다음에는 항일운동의 본거지로 지목된 오산학교와 교회, 천도교회당에 불을 지르고, 기독교 지도자 이승훈 등의 집을 파괴하였다. 정주 학살은 삼일운동 기간 중 인명피해가 가장 큰 사건이었다.

체포된 만세운동의 주동자들은 잔학한 고문에 시달려야 하였다. 재판에 회부된 사람들은 보안법 위반, 소요죄, 내란죄 등의 형을 선고받았다. 이런 죄목으로 옥살이한 사람의 수는 9천 명을 넘었다. 이화학당에 다니던 18살 어린 유관순의 죽음은 일제의 악랄한 고문을 지금까지 생생히 전하고 있다. 휴교령이 내려 고향으로 돌아간 유관순은 천안 아우내장터 시위에 앞장섰다가 체포되었다. 아우내 시위에서는 유관순의 아버지와 어머니를 비롯한 20여 명이 사망하였다. 3년형을 선고받고 서대문형무소에 수감된 유관순은 옥중에서도 만세운동을 멈추지 않았으며, 지하감옥에 감금되어 무자비한 고문을 받았다. 펜치로 손톱과 발톱을 뽑아내고, 입에 호스를 연결해 뜨거운 물과 오물을 투입하는가 하면, 머리에 약품을 발라 머리 가죽을 통째로 벗겨냈다고 한다. 면도칼로 귀와 코를 깎고, 달군 쇠로 성기를 지지는 등의 성고문도 이어졌다. 유

일제의 고문에 못 이겨 옥사한 유관순 열사.

관순은 1920년 9월 고문에 의한 방광 파열로 끝내 옥중에서 사망하였다.

제암리 학살 사건

잔인무도했던 일제의 악행은 영국인 스코필드F. W. Schofield에 의해 제암리 사건이 보도되면서 국제사회에 알려지게 되었다. 3월 하순부터 경기도 화성, 수원, 안성 일대에서 격렬한 시위가 꼬리를 물고 일어났다. 일제는 초강경 진압작전으로 맞불을 놓았다. 검거반을 투입해 각 면을 샅샅이 훑으며 주동자 색출에 나섰다. 동시에 이르는 곳마다 마을을 불태우다시피 하였다. 수원군 장안면에서만 15개 리가 소각 피해를 입었다. 수촌리는 가옥 42호 가운데 38호가 불탔다. 수원, 안성 일대가 거의 쑥대밭이 되었다.

이런 가운데 4월 15일 아리타 도시오 일본 육군 중위가 이끄는 군인과 경찰이 제암리에 들이닥쳤다. 이들은 주민들을 마을 교회당으로 모이게 하였다. 시위 진압이 너무 심했던 걸 사과하러 왔다는 명분을 내걸었다. 주민들이 교회당에 모이자 아리타는 밖으로 나갔다. 그와 동시에 총성이 진동하였다. 아비규환 속에서 한 어머니가 어린아이를 창밖으로 내밀며 아기만은 살려달라고 애원하였으나, 일본군은 그 젖먹이의 머리를 총검으로 찔렀다. 학살을 저지른 일제는 증거인멸을 위해 짚더미에 석유를 끼얹고 불을 질렀다. 교회 건물뿐 아니라 민가들도 불에 탔다. 인근 팔탄면 고주리에서도 주민들이 살해되었다. 이날 제암리에서는 30여 명이 사망하고, 가옥 28채가 전소되었다.

제암리를 비롯해 화성 지역에서 일제가 저지른 만행은 시위군중과의 직접 충돌에서 일어난 게 아니었다. 만세시위에 대한 사후 보복행위였다.

묻힐 뻔한 이 사건은 스코필드 선교사가 제암리 소식을 듣고 현장으로 달려가 학살의 증거들을 사진으로 찍음으로써 세상에 알려지게 되었다. 제암리 학살 사건이 외부에 알려져 국제사회의 공분을 불러일으켰음에도 불구하고 일제는 사건의 진상을 감추고 축소하기에 급급하였다. 일제가 제암리 학살 사건을 조직적으로 은폐하

화성 제암리의 불에 탄 가옥.

였음은 당시 조선주차군 사령관으로 사건에 관여한 우쓰노미야 다로의 일기가 최근에 발견되면서 재차 확인되었다.

나중에 도쿄 대학 영문과 교수를 지낸 시인 사이토 다케시는 〈어떤 살육사건〉이라는 작품을 발표해 자국 군인이 저지른 잔인함을 통렬히 비판하였다.

그곳은 도회에서 멀리 떨어진 외딴 시골
초라한 목조 교회당이 서 있었네
흰 옷을 입은 마을사람들
어떤 이는 중병에 걸린 늙은 아버지를 두고

어떤 이는 출산하려는 아내를 남겨두고
어떤 이는 겨우 그날 지낼 양식을 구하다 말고
오늘은 주일도 아닌데 왜 모이는가
포고령 때문이다, 살기등등한 헌병 때문이다
모인 사람은 이삼십 명, 그 가운데는 비기독교인도 있었다
관헌은 따져 물었다, 왜 폭동에 가담하였느냐고
아아, 자신의 모국이 망했는데 어찌 불평이 없을까
…

갑자기 총성이 한 발, 두 발…
순식간에 교회당은 사체의 사당
그것도 모자라 불을 지르는 자가 있었다
빨간 불길은 벽을 핥았으나
관헌의 독수毒手에 쓰러진 망국의 백성을
—서양 종교를 믿는 자를—
피하려는 듯, 두려워하는 듯, 지키려는 듯
그들의 사체는 태우지 않는다
그것을 보며 바람 부는 쪽 민가에도 불을 붙였다
탄다, 탄다, 40호의 마을이
하나도 남은 게 없이 타버렸다
그대여, 초가집 불탄 자리에 서면
아직도 스며 오르는 냄새가 나지 않는가
젖먹이를 안은 젊은 어머니며

도망가다 쓰러진 늙은이며

까맣게 타버린 처참한 모습이 보이지 않는가

斎藤勇, 〈或る殺戮事件〉의 일부(高崎宗司, 《妄言の原形》)

참고문헌

삼일독립운동100주년기념사업회, 《새로 쓰는 3.1혁명 100년사》, 한국신문기자클럽, 2019.

김진봉, 《삼일운동》, 민족문화협회, 1980.

독립운동사편찬위원회, 《독립운동사》 2, 1971.

독립운동사편찬위원회, 《독립운동사》 3, 1971.

박은식, 《한국독립운동지혈사》(김도형 옮김), 소명출판, 2008.

윤진헌 편저, 《한국독립운동사》 하, 한국학술정보, 2008.

名越二荒之助 編著, 《日韓2000年の真実》, ジュピタ-出版, 1999.

山辺健太郎, 《日本統治下の朝鮮》, 岩波書店, 1971.

高崎宗司, 《妄言の原形:日本人の朝鮮観》, 木犀社, 1990.

아비규환의 간도 조선인 학살극

독립운동사상 가장 빛나는 승리, 봉오동전투와 청산리전투

들불처럼 번져가던 삼일운동의 불길이 잦아들었다. 꺼져가는가 싶던 불길은 만주 지방의 독립운동으로 옮겨 붙었다. 국내에서 희망을 찾을 수 없었던 젊은이들은 독립운동의 무대를 찾아 만주로 건너갔다. 한반도와 강 하나를 사이에 두고 있던 만주 국경지대에서는 일찍부터 수많은 독립군 부대가 무장투쟁을 전개하고 있었다. 망명해 오는 애국 청년들을 맞아들여 세력을 키운 독립군 부대는 여러 차례 국내 진공작전을 감행하였다. 국경 일대에서 일본군과의 충돌이 빈번히 일어났다.

1920년 6월 함경북도 종성군 강양동 국경 헌병초소를 습격한 독립군 부대를 쫓아 일본군 1개 소대가 두만강을 건넜다. 이들이 독립군 부대와의 싸움에서 고전하자, 나남에 주둔하던 일본군 19사

두만강변을 경계중인 일본군.

단 추격대는 독립군의 근거지인 봉오동 공격에 나섰다. 홍범도가 이
끄는 독립군 연합부대는 봉오동에 진입한 일본군을 궤멸시켰다. 봉
오동전투는 독립군과 일본군이 만주에서 벌인 첫 대규모 전투였다.

봉오동전투에서 참패한 일제는 일본군 1개 연대를 파병해 조선
독립군을 토벌하겠다고 장작림이 이끄는 봉천 정부에 제안하였다.
장작림 정부는 일본의 제안을 거부하고 중국군 단독으로 토벌작전
에 나섰다. 중국군의 토벌이 미온적이라고 판단한 일제는 '간도지
방 불령선인不逞鮮人 초토계획'을 수립하였다. 당시 일본군은 중국
정부의 승인 없이는 국경을 넘어 중국 영토에 발을 들일 수 없었
다. 봉오동전투에 투입된 일본군의 행위는 요건을 갖추지 못한 것
이었으며, 대규모 병력 파견을 위해서는 국외 출병 조건을 충족시
켜야 하였다.

일제는 마땅한 구실을 찾기 위해 여러 가지 궁리를 강구하였다. 이때 안성맞춤의 사건이 일어났다. 이른바 혼춘 사건이다. 1920년 9월과 10월 초 두 차례에 걸쳐 수백 명의 마적떼가 혼춘 시내를 습격하였다. 마적들은 약탈과 살육을 자행하고 시가에 불을 질렀다. 일본영사관 건물도 불에 탔으며, 몇몇 일본인이 피살되었다. 일제는 즉각 일본인의 생명과 재산을 보호한다는 구실로 군대를 출동시켰다. 거류민 보호를 구실로 군대를 투입하는 것은 일제의 상투적인 수법이었다.

혼춘 사건은 일제가 만주 출병의 명분을 만들기 위해 마적단과 야합해 조작한 것이라는 의견도 많다. 역사학자 조동걸은 이렇게 쓰고 있다.

혼춘 사건은 두 차례의 마적단 습격사건을 가리키는데, 보통은 1920년 10월 2일 500명의 마적단이 혼춘을 습격하여 일본 영사관을 불태우고 일본인 시부야 일가족을 죽이고 또 중국인 상가까지 수십 채 불태우고 도망간 사건을 말한다. 이것을 일본군은 마적단과 한국독립군과 러시아 과격파(볼셰비키 혁명군)가 합작하여 저지른 사건이라고 말하지만, 그것은 일본군이 계획한 조작이었다.

조동걸, 〈1920년 간도참변의 실상〉

10월 중순 2만여 명의 일본군 대병력이 간도에 투입되었다. 조선 주둔군, 시베리아 출병군, 관동군 등에서 차출된 병력이었다. 일본군은 한 달 안에 독립군의 근거지를 박멸하는 것을 목표로 하였다.

청산리전투의 모습을 복원한 기록화.

그런 다음 민간에 숨어 있는 독립군 잔여 병력과 민간인 독립운동 가를 색출하여 한국 독립운동의 뿌리를 뽑아버릴 심산이었다. 일 본군은 만주 일대를 동서남북으로 포위하였다. 독립군을 포위해 압 박함으로써 그물질하듯 일망타진하자는 전략이었다. 중국 정부가 거세게 항의했음에도 불구하고 독립군 소탕작전이 개시되었다.

독립군 부대들은 백두산에 가까운 밀림 지역으로 이동하였다. 일 본군은 독립군의 뒤를 쫓았다. 1920년 10월 21일 아침, 독립군과 뒤 쫓아 오던 일본군 사이에 첫 전투가 벌어졌다. 김좌진 장군이 이끄 는 북로군정서 부대는 백운평 골짜기에 매복해 기다리다가 기습해 일본군 선발대를 전멸시켰다.

이웃한 지역에서는 홍범도 부대가 일본군에 대승을 거두었다. 홍범도 부대는 일본군의 포위 속에 빠졌다가 우회해 오던 일본군의 측면을 공격하며 빠져나왔다. 일본군은 독립군이 포위망을 벗어난 줄 모르고 자기들끼리 전투를 벌여 많은 사상자가 발생하였다. 1주일가량 청산리 일대에서 이어진 크고 작은 전투에서 독립군은 연전연승하였다. 이때의 전투를 통틀어 청산리전투라고 부른다. 우리 무장독립운동사상 가장 빛나는 전과를 올린 청산리전투에서 일본군은 1,200여 명이 희생되었다. 반면 독립군 전사자는 100여 명에 불과하였다. 청산리전투에서 승리한 독립군 부대들은 일본군의 공격을 피해 소련 영내의 연해주로 이동하였다.

일제의 보복과 아비규환의 생지옥

봉오동전투와 청산리전투에서 연이어 참패를 당한 일본군은 이성을 잃었다. 그들은 애꿎은 간도 주민들에게 화풀이를 하였다. 일본군은 간도 일대의 조선인 마을을 돌아다니며 마을을 불태우고 무차별 학살을 자행하였다. 수개월에 걸쳐 아비규환의 생지옥이 펼쳐졌다.

백운평마을에 사는 남자는 젖먹이까지 모두 학살당하였다. 백운평 싸움에 대한 보복이었다. 백운평뿐이 아니었다. 곳곳의 조선인 마을에서 남자들은 총이나 창으로 참살당하고, 부녀자들은 겁탈당한 후 살해되었다. 일본군은 심지어 두세 살짜리 어린아이를 창끝에 꿰어 들고 울부짖는 비명을 즐겼다.

연길현 장암동마을의 비극은 미국인 선교사의 기록으로 지금까지 생생히 남아 있다. 10월 30일 일본군 토벌대 77명이 조선인 기독교 신자들의 마을인 장암동을 포위하였다. 이들은 마을에 불을 지르며 주민들을 교회당으로 모이게 하였다. 남자들을 포박해 교회당에 가둔 다음 교회내 빈 곳을 짚단으로 채웠다. 그리고 석유를 뿌려 불을 질렀다. 교회 안은 곧 화염에 휩싸였다. 불길 속에서 뛰쳐나오는 사람들은 일본군의 칼 세례를 받았다. 넋을 잃고 있던 가족들은 일본군이 돌아간 다음 숯덩이가 된 시신을 수습하여 장사지냈다. 5, 6일이 지난 다음 일본군이 다시 마을에 나타났다. 그들은 무덤을 파 시체를 한데 모으라고 명령하였다. 위협을 못 이긴 유족들은 언 땅을 파고 시체를 모아놓았다. 일본군은 시체 위에 짚단을 쌓아놓고 불을 질렀다. 숯이 되고 재가 되어버린 시신은 누구의 것인지 가릴 길이 없었다. 하는 수 없이 유족들은 남은 재를 모아 합장묘를 만들었다. 장암동마을의 참변은 일본군 제19사단 사령부의 간도출병사를 통해서도 확인할 수 있다. 그들은 장암동 주민 36명을 사살하고, 12채의 주택과 학교, 교회당을 불태운 것으로 기록하고 있다.

연길현 남동마을에서도 이에 못지않은 학살이 자행되었다. 동족마을인 30여 호 마을 주민의 거의 전부가 몰살당하였다. 마을에 들이닥친 일본군은 총알이 아깝다며 대검으로 찔러 죽였으며, 4형제를 함께 밧줄에 묶어 불타는 가옥 속에 던져넣었다. 일본군은 연길현 와룡동에 살던 교사의 얼굴 가죽을 칼로 벗겨내고, 두 눈을 도려내었다. 독립군의 은신처를 대지 않아서였다. 우리에게 잘 알려진 용정의 명동학교도 소각당하였다. 명동학교가 반일운동의 근거지라서 그 뿌리를 뽑는다는 이유였다.

일본군의 만행은 화룡현 북장패촌, 송언둔 같은 북간도의 다른 지역은 물론 봉천성 관내의 서간도 지방 도처에서도 자행되었다. 뿐만이 아니다. 국경 넘어 소련 땅 연해주 일대에서도 학살극이 펼쳐졌다. 토벌작전을 벌인 일본군의 공격으로 신한촌을 비롯한 조선인 마을은 쑥대밭이 되었다. 독립운동 지도자였던 최시형을 위시한 많은 사람들이 일제의 총칼에 희생되었다.

'왜적처럼 흉포한 자는 들은 적도 본 적도 없다'

일본군만 조선인 학살에 나선 게 아니었다. 일제는 만주 일대에서 활동하던 마단적과 손을 잡았다. 친일 마적단은 일제와 한통속이 되어 우리 독립운동가들을 살해하고 양민을 학살하였다. 산간 오지까지 완전 제압하는 게 힘들기 때문에 금품과 무기를 대주면서 마적을 이용하였던 것이다. 마적단에 의해 유하현 삼원보, 안도현 우두산 등지의 조선인 마을과 독립운동 근거지가 파괴되었다. 마적들은 심지어 독가스를 사용하기까지 하였다.

1920년 말 일본군이 간도 일대에서 저지른 학살의 규모가 어느 정도인지 자세히 알기는 어렵다. 대한민국 임시정부는 간도 특파원의 보고를 통해 3,500여 명이 피살된 것으로 집계하였다.

박은식은 《한국독립운동지혈사》에 그 참상을 다음과 같이 기록하고 있다.

일본군의 만행으로 아비규환의 생지옥이 펼쳐진 간도 조선인 마을.

오호라, 세계 민족 가운데 나라를 위해 몸을 바친 자를 셀 수 없지만, 어찌 우리 민족 남녀노소가 참혹하게 당한 도살屠殺 같은 것이 있을 수 있으랴! 역대 전사戰史에서 군인들이 살인하고 약탈한 것도 셀 수 없지만, 저 왜적처럼 흉악하고 포악한 자들과 같을 수 있으랴!

백기白起(전국시대 진나라의 장수-역자 주)가 장평에서 40만을 땅에 묻어 죽이고, 항우項羽(중국 초나라의 장수-저자 주)가 신안에서 20만을 죽인 것은 극도로 잔인무도한 짓이었다. 그러나 이들은 모두 전쟁에 참여하여 전투를 하던 사람들이었다. 저 왜적들과 같이 서북간도의 양민 동포를 학살한 것은 역사상 일찍이 없었던 것이었다.

박은식, 《한국독립운동지혈사》(김도형 옮김)

삼일운동과 간도 학살 당시 조선과 만주 일대에 머물던 미국인

로버트 워드는 자신이 목격한 참상을 고발하였다. 《워싱턴 타임스》
에 실린 기사에서 워드는 조선인 336명이 한 곳에서 처형당했고,
이들 가운데는 단지 남편과 아들의 행방을 말하지 않았다는 이유
로 처형된 98명의 여성이 포함되어 있다며, 제1차 세계대전 때 독일
군이 중립국인 벨기에에서 저지른 대량학살에 비유하였다.

참고문헌

조동걸, 〈1920년 간도참변의 실상〉, 《역사비평》, 1998. 11.

독립운동사편찬위원회, 《독립운동사》 5, 1973.

박찬승, 《한국독립운동사》, 역사비평, 2014.

박은식, 《한국독립운동지혈사》(김도형 옮김), 소명출판, 2008.

森川哲郎, 《朝鮮獨立運動暗殺史》, 三一書房, 1976.

간토 대지진에서 촉발된 광란의 살인극

조선인 학살의 빌미를 제공한 것은 일제 당국

1923년 9월 1일 정오 바로 직전이었다. 커다란 진동과 함께 일본 도쿄 일대의 건물들이 우르르 무너져 내렸다. 무너진 건물더미 속에서 사람들이 채 빠져나오기도 전에 또다시 첫 번째 지진 못지않은 강도로 땅이 흔들렸다. 이내 강력한 여진이 또 이어졌다. 여기저기서 불길이 치솟았다. 불길은 바람을 타고 빠르게 번져나갔다.

점심식사를 마련하기 위해 집집마다 불을 피우고 있었기 때문에, 목조 건물이 대부분인 시가지는 화마를 피할 길이 없었다. 도쿄, 가나가와 현, 시즈오카 현, 지바 현 등지의 간토 지역 일대는 거의 궤멸되다시피 하였다. 10만 명이 넘는 사람이 죽고, 지진에 의해 완전히 붕괴되거나 불에 타 잿더미가 된 가옥만 30만 채에 이르렀다.

간토 대지진은 일본의 중심지인 도쿄와 요코하마 같은 대도시에서 일어났기 때문에 그 파장력이 더욱 컸다. 사람들은 안전한 곳을 찾아 우왕좌왕하였다. 집을 잃은 이재민들은 우에노 공원, 히비야 공원 같은 곳으로 모여들었다. 식수 공급마저 끊긴 속에서 먹을 것을 찾아 헤매야 하니 민심이 흉흉할 수밖에 없었다.

당시 일본은 내우외환에 시달리고 있었다. 조선의 삼일운동과 수천 명의 사상자를 낳은 대만의 유혈봉기를 갓 진압한 참이었다. 일본 내에서는 민권운동, 여성운동 등이 활발히 전개되기 시작하였다. 러시아 혁명의 영향으로 일본공산당이 결성되는 등 사회주의 세력도 힘을 키워가고 있었다. 국가적 위기로 생각한 일제는 호시탐탐 국면전환의 기회를 엿보았다.

어느 틈엔지 유언비어가 나돌기 시작하였다. '조선인이 폭동을 일으켰다' '조선인이 방화하였다' '조선인이 우물에 독을 넣었다'는 등의 허무맹랑한 낭설이었다. 이 같은 유언비어의 빌미를 제공한 것은 일제 당국이었다.

대지진이 일어난 9월 1일 오후에 이미 경시청은 일본 정부에 군대의 출병을 요청하였다. 아울러 계엄령 선포를 준비하였다. 그런데 계엄령은 함부로 발동할 수 있는 게 아니었다. 전시나 내란에 대비한 비상입법이기 때문이다. 계엄령을 발동하기 위해서는 명분이 필요하였다.

내무대신 미즈노 렌타로는 계엄령 발표 담화에서 '조선인 소요'가 일어나 계엄령을 선포한다고 이유를 댔다. 또한 조선인이 쳐들어올 것이라는 소문이 무성해, 이에 대처하기 위해 계엄령을 시행할 수밖에 없다고 설명하였다. 하지만 어디에서 어떻게 폭동이 일어났다는 근거조차 대지 않았다.

9월 3일에는 내무성 경보국장 고토 후미오 명의의 전보가 전국의 지방장관 앞으로 타전되었다.

도쿄 부근의 진재를 이용하여 조선인이 각지에서 방화하고, 불령不逞의 목적을 수행하려고 하는데, 실제로 도쿄 시내에서 폭탄을 소지하거나 석유를 뿌려 방화하는 일이 있어 이미 도쿄부에는 일부 계엄령을 시행하였기에, 각지에서 주밀한 시찰을 충분히 더 늘리고 선인鮮人의 행동에 대하여는 엄밀한 단속을 더할 것.

다나카 마사타카, 〈간토 대지진과 지바에서의 조선인 학살의 추이〉

조선인을 희생양 삼아 공포와 불안에 떠는 군중을 다독이고 질서를 유지하겠다는 의사가 분명하였다. 내무대신 미즈노 렌타로는 삼일만세운동 때 조선총독부 정무총감이었다. 치안 책임자인 아카이케 아쓰시 경시총감 또한 조선총독부 경무국장을 지내며 총칼을 앞세워 삼일운동을 탄압한 장본인이었다. 그들은 누구보다 조선 민족의 독립 의지를 잘 알고 있었다. 또한 민중의 힘이 얼마나 폭발력을 갖는지 가까이에서 지켜보았다. 일본 정부에 의한 '조선인 폭동설'과 '조선인 단속' 전보문은 불에 기름을 부은 격이었다.

경시청에서 펴낸 자료집을 보면 유언비어의 직접 생산자가 그들 자신임을 알 수 있다. "조선인 3천여 명이 다마가와를 건너 센조쿠무라와 주엔무라에 쳐들어와 그곳 주민들과 전투중임" "오쓰카 탄약고를 습격하려는 조선인이 탄약고 앞에 모여 있음" 같은 허무맹랑한 내용의 전보문을 일선 경찰서로 연이어 송신했던 것이다.

패닉에 빠진 일본인들, 조선인 사냥에 나서다

이 같은 내용은 각종 신문에 보도되어 유언비어를 더욱 증폭시켰다. 《도쿄일일신문》은 1면 톱기사로 '불령선인不逞鮮人 200명이 경찰과 충돌하여 수십 명의 부상자가 발생'하였으며, 이들이 강도 강간을 저지르고 있다는 허위사실을 보도하였다. 《소나이 신문》은 '야마모토 수상이 1일 오후 불령선인에게 암살되었다'는 터무니없는 내용과 조선인과 사회주의자들이 폭동을 일으켜 포병 공창을 습격하였다는 날조된 사실을 호외로 발행하였다. 《신아이치 신문》역시 '불령선인 1천 명이 요코하마에서 전투 개시'와 같은 자극적인 제목의 호외를 발행하는가 하면, '지붕에서 지붕으로 조선인이 방화하며 돌아다닌다'는 엽기적인 허위 기사를 실었다. 많은 언론 보도가 이 모양이었다. 방화, 강간, 독약 살포 같은 자극적인 보도는 대중의 적개심을 부채질하였다.

대부분의 일본인들은 조선인 폭동설을 그대로 믿었다. 과격한 유언비어에 감염된 시민들은 패닉 상태에 빠졌다. 순식간에 각지에서 자경단自警團이 조직되었다. 그 수는 3,700여 곳에 이르렀다. 복수심에 이성을 잃은 자경단은 조선인 사냥에 나섰다. 자경단은 재향군인, 우익단체 등을 망라해 구성되었으며, 군경과 협력해 작전을 펼

아동화가 가와메 데지가 그린 간토 대지진 조선인 학살 스케치.

쳤다. 자경단의 발길이 닿는 곳에서는 말로 표현할 수 없는 참극이
벌어졌다.

죽창, 일본도, 곤봉 등으로 무장한 자경단은 곳곳에서 길을 막고
조선인을 색출하였다. 조선옷을 입은 사람은 그 자리에서 바로 살
해하였다. 일본옷이나 서양옷을 입은 사람 중에서 조선인을 식별해
내기 위해 그들은 조선인이 발음하기 어려운 일본어를 말해보게 한
다음, 발음이 서툰 사람은 신분 확인도 없이 참살하였다. 여기저기
서 집단학살이 벌어졌다. 살아 있는 사람한테 기름을 붓고 태워 죽
이기도 하였다. 자경단에 쫓겨 경찰서 안으로 피신한 사람들도 죽
음을 피하지 못하였다.

학살이 절정에 이르렀을 때는 도쿄의 스미다 강과 아라카와 강
이 핏빛으로 물들었다고 한다. 강변에서 학살이 많이 자행되었기
때문이다. 자경단은 연행해 온 조선인을 밧줄로 한데 묶어 강물에

던지고는, 헤엄쳐 나오는 사람을 도끼로 찍어 죽이기도 하였다. 아동화가 가와메 데지가 그린 '간토 대지진 조선인 학살 스케치'를 통해 우리는 지금도 스미다 강가의 참혹했던 현장을 만날 수 있다.

불문학자 다나베 데노스케 역시 당시의 참상을 생생히 전해준다.

연탄재를 매립한 4, 5백 평쯤 되는 공터가 있었는데, 공터의 동쪽은 깊은 웅덩이였다. 그 공터의 동쪽부터 서쪽 끝까지 반나체의 시체가 놓여 있었다. 시체의 머리는 북쪽을 향하고 있었다. 모두 250명에 이른다고 들었다. 하나하나 살피며 걷자니 목이 잘려 기관지와 식도, 그리고 2개의 경동맥이 들여다보이는 시체도 있었다. 더러는 뒤에서 베인 목덜미에 허연 살점이 죽죽 늘어져 석류알이 쪼개진 것처럼 보였다. 목이 잘린 시체는 한 구뿐이었지만, 억지로 비틀어 끊은 탓인지 살과 피부와 근육이 흐트러져 있었다. …

더욱 불쌍했던 것은 아직 젊은 여자가 배에 칼을 맞아 6, 7개월 되었음 직한 태아가 여자의 내장 속을 뒹굴고 있는 모습이었다. 유일한 여자의 시체였는데, 여자의 음부에는 죽창이 깊숙이 꽂혀 있었다. 나는 아연실색해 옆으로 깜짝 물러서고 말았다.

田辺貞之助, 《江東昔ばなし》

조선인 학살에는 자경단뿐 아니라 군인들도 조직적으로 참여하였다. 군과 경찰이 학살을 방조한 것으로 알고 있는 사람이 많지만, 군대 역시 학살에 앞장섰다. 일본군은 조선인을 적으로 인식하였으며, 군사작전을 벌이듯이 토벌하였다. 국회의원을 지낸 육군 소장쓰노다 고레시게는 이때의 일을 다음과 같이 증언하였다.

우리 집 부근에서도 매우 소란스러워 문밖으로 나가보았더니 무장한 군대가 있었다. 그리고 대장으로 보이는 사람이 '적은 지금 하타가야 방면에 나타났다'라고 호령하고 있어, 그 장교를 붙들고 '적이란 누구인가'라고 질문했더니, '조선인이다'라고 답했다. 내가 다시 '조선인이 어째서 적인가'라고 묻자 '상관의 명령일 뿐 알지 못한다'라고 대답했다.

강덕상,《학살의 기억, 관동대지진》(김동수·박수철 옮김)

계엄령이 발동해 출동한 나라시노 기병연대가 제일 먼저 한 일은 열차 안을 검색해 조선인을 살해하는 일이었다. 이들은 밤새도록 조선인 사냥에 나섰다. 도쿄 시내에서 쫓겨나온 조선인들은 그물을 치고 기다리던 일본군의 매복에 걸려 들짐승마냥 살해당하였다. 그들은 조선인을 학살하는 데 기관총까지 동원하였다. 한 자리에서 아무런 저항도 하지 않는 조선인을 200명이나 살해한 부대도 있었다. 때로는 결박해 연행한 조선인을 흥분한 자경단에 넘겨 '피의 잔치'를 벌이게 하였다.

도쿄 스미다 강과 아라카와 강, 핏빛으로 물들다

대지진에서 촉발된 이 광란의 살인극에서 얼마나 많은 조선인이 살해되었을까? 안타깝게도 자세한 숫자는 아무도 모른다. 일본 정

자경단이 조선인을 살해하는 장면.

부가 시체를 재빨리 소각하는 등 사건을 감추고 축소해버렸기 때문이다. 일본 정부는 피살자가 233명이라고 발표하였다. 이를 믿기는 어렵다. 재판을 통해 확인된 희생자만도 900여 명에 이르기 때문이다. 일본의 진보적 지식인 요시노 사쿠조는 2,700여 명이 희생되었을 것으로 추정하였다. 대한민국 임시정부 산하의 《독립신문》은 모두 6,661명이 피살된 것으로 통계 내었다.

당시 일본에 살던 조선인은 대부분 노동자와 학생이었다. 희생된 사람은 노동자들이 많았다. 일제의 식민통치 아래 신음하다 생계를 위해 일본에 건너간 저임금 노동자들이었다. 하루 벌어 하루를 살다시피 하던 이들이 조선인이라는 이유로, 일본말을 잘하지 못한다는 이유로 무참히 희생되었던 것이다.

조선인 학살과 더불어 중국인, 그리고 사회주의자를 비롯한 반정

자경단원들이 사용한 각종 무기(우시고메 가구라자카 경찰서).

부 인사들에 대한 학살도 자행되었다. 일제는 조선인 사냥을 핑계로 중국인도 학살하였다. 조선인보다는 적은 숫자지만 600여 명의 중국인이 희생되었다. 또한 요주의 인물로 꼽히던 좌파 활동가들이 일부 살해되었다. 아나키스트 오스기 사카에, 노동운동가 히라사와 게이시치 등이다.

이때 희생된 오스기 사카에를 비롯한 사회주의자들 가운데도 자경단에 들어가 활동한 사람들이 있었다. 역사의 아이러니가 아닐 수 없다. 우리에게 잘 알려진 진보적 기독교 지도자 우치무라 간조조차 유언비어를 그대로 믿고 자경단과 함께 조선인 폭동에 대비했다고 한다. 인간의 광기가 얼마나 무서운지 알게 해준다.

일본 영화계의 거장 구로사와 아키라 감독은 소년 시절에 관동대
지진을 경험하였다. 그는 자신의 자서전에 자경단에 관한 어처구니
없는 에피소드를 적어놓았다. 그의 말대로라면 구로사와 아키라야
말로 조선인 학살을 불러온 장본인이 아니겠는가. 헛웃음만 나올
뿐이다.

그들은 우리들에게 동네 우물들 중 한 곳의 물을 퍼 먹지 못하도록
지시했다. 이유인즉슨 그 우물 둘레에 쳐진 벽 위에 하얀 분필로 이상
한 부호가 적혀 있다는 것이다. 그것은 우물에 독을 탔음을 표시하는
한국인 암호일 수 있다는 것이 그들의 추론이었다. 나는 어안이 벙벙
해졌다. 사실은 그 부호라는 것이 바로 내가 휘갈겨 놓은 낙서였기 때문
이다.

구로사와 아키라, 《감독의 길》(오세필 옮김)

참고문헌

강덕상, 《학살의 기억, 관동대지진》(김동수·박수철 옮김),
　역사비평사, 2005.

다나카 마사타카, 〈간토 대지진과 지바에서의 조선인 학살의 추이〉,
《한국독립운동사연구》 47, 2014.

구로사와 아키라, 《감독의 길》(오세필 옮김), 민음사, 1994.

加藤直樹, 《九月, 東京の路上で》, ころから, 2014.

田辺貞之助, 《江東昔ばなし》, 菁柿堂, 1984.

황민화 정책과 민족말살

　1931년 만주를 침략한 일본은 제국주의적 야욕을 더욱 높이 드러내기 시작하였다. 1937년의 중일전쟁 이후에는 그 흐름이 한층 가속화되어 한반도는 일제의 전시총동원체제 속으로 빨려 들어갔다.

　1936년 육군대신 출신의 미나미 지로가 새로운 조선총독으로 부임하였다. 미나미 총독은 '만주사변을 계기로 내선융화의 정신이 내선일체內鮮一體*로 바뀌었다'며, 조선인의 일본인화를 꾀하는 황민화皇民化 정책을 추진하였다. 조선과 일본은 하나이므로 조선인도 황국신민의 의무를 다해야 한다는 주장은 중국대륙 침공에 조선인을 동원하기 위한 사탕발림일 뿐이었다. 일제는 일본 천황에 대한

---

　* 내선일체: 내지內地 곧 일본과 조선이 하나라는 뜻으로 우리 민족을 일본에
　　동화시켜 일제의 침략전쟁에 동원하기 위한 정책이었다.

한 가족 전체가 천황이 있는 동쪽을 향해 궁성요배하는 모습.

충성 맹세와 신사참배를 강요하고, 우리 민족의 성과 이름을 일본식으로 바꾸게 하였다. 또한 우리말과 우리글을 사용하지 못하게 하였다.

한반도에 울려 퍼진 내선일체, 황국신민화 구호

조선이 일본에 강제병합된 지 26, 7년이 흘렀지만 조선인은 여전히 식민지 백성일 뿐이었다. 곳곳에 뿌리 깊은 차별이 도사리고 있었다. 사정이 이렇다 보니 우리 민족의 자발적인 협력을 기대할 수 없었다. 게다가 중일전쟁의 전황이 일본에 유리하지 않았다. 전쟁이 장기

전으로 흐르면서 일본의 힘만으로는 전쟁을 치르기 버거웠다. 조선
인을 체제 내로 끌어들이는 일이 시급하였다. 내선일체 주장은 이 같
은 상황 속에서 등장하였다. 내선일체를 합리화하기 위해 우리와 일
본이 같은 조상을 가졌다는 일선동조론日鮮同祖論이 제창되었다.

우리 민족을 세뇌하기 위한 정책이 전방위적으로 펼쳐졌다. 곳곳
에서 내선일체, 일선동조론, 황국신민화 구호가 울려 퍼졌다. 학교
고 동네 어귀고 내선일체를 주장하는 포스터와 현수막이 즐비하게
내걸렸다. 일제는 부락연맹과 애국반을 조직해 내선일체와 황민화
사상이 각 가정의 일상생활 속에 스며들도록 규율화하였다.

사람들은 낮 12시가 되면 사이렌 소리에 맞추어 천황이 사는 도
쿄를 향해 묵도를 올려야 하였다. 전몰용사의 영령을 추도하고 일
본 황군의 승리를 기원하는 의식이었다. 천황의 궁성이 자리한 동
쪽을 향해 절을 하는 궁성요배宮城遙拜도 의무화되었다.

신사참배는 조선인에게 요구된 또 하나의 강압적 의례였다. 신사
는 일본 고유종교인 신도神道의 사원이다. 신도는 메이지 유신 이후
천황제 국가의 정신적 이데올로기가 되고, 천황도 신격화되었다. 신
사참배는 곧 천황과 일본제국에 대한 충성을 확인하는 의식이었다.

신사는 1910년 경술국치 이후 조선총독부의 보호 아래 공공적
인 성격이 강화되었다. 일제는 문화적 동화정책의 일환으로 신사를
건립하였는데, 1919년에 공사가 시작되어 1925년 준공된 조선신궁
이 대표적이다. 조선신궁의 제신은 일본 황실의 시조인 아마테라스
오미카미天照大神와 메이지 천황이었다. 일제는 1910년대부터 이미
관공립학교 학생들에게 신사참배를 강요하였다. 1920년대 들어서

는 사립학교로 확장되고, 1930년대에는 모든 조선인들에게 의무적
으로 신사에 참배하라는 훈령을 공포하였다.

미나미 총독은 부임하자마자 '신사규칙'神社規則을 개정하여 전국
각지에 신사를 건립하기 시작하였다. 1면 1신사의 원칙 아래 산간
벽지에까지 신사가 건립되었다. 그들의 최종 목표는 현인신現人神인
천황을 위해 기꺼이 목숨을 바치도록 하는 일이었다. 생산 증가에
노력하고, 군사공채를 사고, 근로보국대에 지원하는 일은 모두 천황
을 위한 일이었다.

사상통일을 이룬다는 명분으로 일제는 한동안 예외를 인정하던
기독교계 사립학교에도 신사참배를 강요하였다. 또한 기독교 교단
을 압박해 신사참배에 참여하게 하였다. 신사참배를 거부하는 교
회는 폐쇄하고, 목회자나 신도는 투옥하였다. 200여 교회가 폐쇄되
었으며, 2천여 명이 투옥되었다. 1938년을 고비로 대부분의 교회는
일제의 강압에 굴복하고 말았다.

도처에 신사를 세우는 것으로 부족했는지 일제는 학교에는 호안
덴奉安殿을, 그리고 각 가정에는 가미다나神棚라는 신단을 만들게 하
였다.

"우리는 황국신민이다. 충성으로 군국君國에 보답하련다."〈황국
신민서사〉의 한 구절이다. 조선총독부는 '국민정신의 함양을 도모'
한다는 명목으로 〈황국신민서사〉를 제정하였다. 어린이용도 만들
었는데, 표현을 조금 달리한 비슷한 내용이었다. 1937년 10월부터
조선인은 어른 아이 할 것 없이 〈황국신민서사〉를 외워야 하였다.
학교는 물론이고 관공서, 회사 등에서 수시로 〈황국신민서사〉가 울

남산 위에 자리하고 있던 조선신궁.

려 퍼졌다. 심지어 결혼할 때도 〈황국신민서사〉를 다 함께 외운 다
음에야 식이 진행될 수 있었다.

일본어 상용의 목적은 징병제 실시를 위해서였다

황민화 정책의 추진과 더불어 일제는 우리말의 사용을 통제하기
시작하였다. 1937년부터 행정기구에 근무하는 조선인 관리들은
일본어만 사용할 수 있었다. 1938년에는 조선교육령이 개정되었다.
'조선어'는 학교의 필수교과목에서 자취를 감췄다. 조선총독부가
중시한 것은 '일본어 상용'이었다. 일본어 상용정책에 따라 신문, 잡
지 할 것 없이 한글로 된 출판물은 모두 강제 폐간되었다.

1943년부터는 일본어 보급운동이 대대적으로 전개되었다. 일본어를 이해하지 못하는 사람들을 위해 강습소가 개설되었다. 학생들은 학교에서 오직 일본어만 사용할 수 있었으며, 학교 밖에서 친구나 가족이 조선어를 사용하는지 감시해야 하였다.

우리말을 사용하지 못하게 하고 일본어를 강제한 것은 전시체제의 강화와 맞물린 궁여지책이었다. 전선이 확대됨에 따라 많은 수의 병사가 필요하였고, 이에 따라 조선인 징병제가 검토되었다. 문제는 일본어를 할 줄 아는 조선인의 비율이 아주 낮다는 점이었다. 징병제를 시행하기 위해서는 일본어 교육이 선행되어야 하였다.

조선어학회는 일제강점기에 한글을 연구하고 보급에 앞장선 단체이다. 일제는 조선어학회를 눈엣가시로 여겼다. 조선어학회에 참여하고 한글사전 편찬에 앞장선 학자들은 끝내 내란죄로 몰리고 말았다. "고유언어는 민족의식을 양성하는 것이므로 조선어학회의 사전 편찬은 조선 민족정신을 유지하는 민족운동의 형태다"라는 게 유죄 판결을 내린 법원의 논리였다. 모두 33명이 검거되었는데, 이윤재와 한징은 혹독한 고문을 받고 옥사하였다.

반문명적인 창씨개명, 가족제도의 뿌리를 흔들다

황민화 정책은 일본식 성과 이름을 강요하는 '창씨개명'으로 이어졌다. 조선총독부는 부계 혈통에 기초한 조선의 가족제도가 황민화에 장애가 된다고 여겼다. 우리와 달리 일본의 가족제도는

일본어 보급의 목적이 '우수한 병사'를 만들기 위한 것임을 보여주는 포스터.

가家를 중심으로 모든 가족이 호주戶主의 씨氏를 사용한다. 결혼한 여자는 남편의 성을 따르고, 사위도 양자가 될 수 있다.

조선총독부는 1939년 조선민사령을 개정해 다음해 2월부터 조선식 성 대신에 일본식 씨를 새로 만들고 이름도 일본식으로 바꾸는 '창씨개명'을 시행하였다. '내선일체, 일시동인一視同仁**'을 위해 일본인과 같이 씨를 가질 수 있도록 길을 열어주는 것'이라는 명분을

** 일시동인: 당나라의 문장가 한유韓愈의 글에 나오는 말로 '모든 사람을 평등하게 보고 똑같이 사랑한다'는 의미다. 정복자들이 피점령 지역 민족을 차별하지 않는다는 표어로 사용되곤 하였다.

내세웠다. 하지만 조선인의 혈통에 대한 관념을 흐려 놓음으로써 민족전통의 뿌리를 파괴하자는 것이 근본목적이었다. 일본식 성으로 바꾸는 데서 그치는 것이 아니라, 서양자제庶養子制 등을 도입함으로써 혈통을 중심으로 하는 우리 가족제도의 뿌리를 흔드는 것이었기 때문이다.

"반도인으로 하여금 혈통 중심주의에서 벗어나 국가 중심의 관념을 배양하고 천황을 중심으로 하는 국체의 본의에 철저하도록 한다"는 미나미 총독의 발언은 창씨개명의 목적이 어디에 있었는지를 잘 보여준다. 창씨개명은 결국 징병제를 실시함으로써 조선인을 전쟁터로 내몰기 위한 준비작업의 일환이었다.

일제가 내건 창씨개명의 명분이 이율배반적인 것은 1939년까지 조선인이 일본식 성씨를 쓰는 것을 법으로 금지한 데서도 명백하다. 창씨개명 제도 시행 이후에도 이전에 사용하던 성과 본관을 호적에 그대로 남겨두었다. 일본인과 구별하기 위해서였다.

조선총독부는 1940년 2월부터 여섯 달 동안의 신고기간을 정하고 그 안에 창씨개명 신고를 하도록 하였다. 그런데 총독부의 희망과는 달리 3개월 동안 창씨개명을 한 사람은 7.6퍼센트에 불과하였다. 당황한 총독부는 강제성을 드러내기 시작하였다. 경찰관을 비롯한 공무원을 총동원하고, 친일인사와 어용단체를 앞세워 창씨개명을 부추겼다. 창씨개명을 거부하는 사람에게는 '비국민' 딱지를 붙이고 요시찰인으로 취급하였다. 창씨를 하지 않은 사람은 노무징용 대상자로 먼저 지명하고, 식량과 물자의 배급 대상에서 제외하였다. 자녀들의 학교 입학에도 불이익을 주었다. 심지어 조선식

대구지방법원에서 제작한 창씨개명 공고문.

성명이 적힌 화물은 취급하지 않는다든지 온갖 강제와 꼼수를 부렸다. 이런 무리수를 동원한 끝에 마감일인 8월까지 창씨율을 79.3퍼센트로 끌어올릴 수 있었다. 창씨개명 신고를 하지 않은 사람은 이전부터 사용하던 조선식 호주의 성이 그대로 씨가 되었다. 결국 조선인 모두가 강제적으로 창씨를 한 셈이었다.

창씨개명에 대한 반발은 필연적이었다. 창씨개명을 거부하고 자결한 사람이 있었는가 하면, 부당함을 항의하다가 구속된 사람도 많았다. 강압에 못 이겨 창씨개명을 하더라도, 가계와 혈통을 지키려는 의지가 남아 있는 한, 그 같은 정책은 성공할 수 없다. 반문명적인 창씨개명의 광풍은 우리 민족의 영혼에 씻을 수 없는 생채기를 드리운 채, 일제의 패망과 더불어 역사의 뒤안길로 사라졌다.

참고문헌

박찬승, 《한국독립운동사》, 역사비평, 2014.

윤진헌 편저, 《한국독립운동사》 하, 한국학술정보, 2008.

한글학회, 《한글학회50년사》, 1971.

한석희, 《일제의 종교침략사》(김승태 옮김), 기독교문사, 1990.

미야타 세쓰코, 《식민통치의 허상과 실상》(정재정 옮김), 혜안, 2002.

宮田節子, 《創氏改名》, 明石書店, 1992.

강제징병,
강제징용으로 끌려간 사람들

신고산이 우루루 화물차 가는 소리에
지원병 보낸 어머니 가슴만 쥐어뜯고요
어랑어랑 어허야
양곡 배급 적어서 콩깻묵만 먹고 사누나

신고산이 우루루 화물차 가는 소리에
정신대 보낸 어머니 딸이 가엾어 울고요
어랑어랑 어허야
풀만 씹는 어미소 배가 고파서 우누나

신고산이 우루루 화물차 가는 소리에
금붙이 쇠붙이 밥그릇마저 모조리 긁어갔고요.
어랑어랑 어허야
이름석자 잃고서 족보만 들고 우누나

신민요 〈신고산타령〉을 개작한 〈화물차 가는 소리〉 가사다. 조동
일이 지은 《한국문학통사》 속에 실려 있는 이 노래는 사랑하는 자
식을 일본제국주의 지원병으로, 정신대로 보내야 했던 부모의 절절
한 슬픔을 노래하고 있다. 또한 창씨개명으로 성과 이름을 빼앗기
고, 금붙이며 쇠붙이 할 것 없이 죄 전쟁물자로 공출당한 채 콩깻
묵으로 연명해야 했던 태평양전쟁기 우리 민족의 고달픈 삶을 들려
준다.

청년들을 전장의 총알받이로 동원하다

중일전쟁이 장기전으로 돌입하자 일제는 필요한 병력과 군수물
자를 보급하기 위해 1938년 국가총동원법을 제정하였다. 전력 보충
을 쉽게 하는 방법은 식민지 청년을 군인으로 동원하는 것이었다.

일본인 역사학자 미야타 세쓰코는 만주사변 다음해부터 일본군
부가 조선인의 병역 문제를 심각하게 연구해왔음을 밝혀냈다. 조선
인 징병은 매우 민감한 사안이었다. 조선인에게 총을 쥐여 주었을
때 뒤에서 총을 겨눌 수 있기 때문이었다.

우선 시험적으로 지원병 제도가 도입되었다. 육군특별지원병령에
따라 1938년 4월부터 지원병 모집이 시작되었다. 양주, 평양, 시흥에
차례로 훈련소가 설치되고, 1943년까지 17,000여 명이 입영하였다.
1943년부터는 해군에서도 지원병을 모집하고, 전문학교와 대학교
를 다니는 조선인 학생에 대한 학도지원병 모집이 시행되었다. 학도

행군중인 조선인 육군특별지원병.

지원병은 말이 지원이지 강제나 다름없었다. 지원율이 저조하자 학병지원 궐기대회를 매일처럼 개최하다시피 하였다. 전 행정력과 친일분자, 언론이 동원되어 학생들의 지원을 선동하였다.

지원병 제도가 시행된 것을 조선군 사령관 고이소 구니아키는 "내선일체의 성업聖業을 향해 가장 강력한 발걸음을 내디딘 것"이라고 평가하였다. 하지만 조선인은 군대에 들어가서도 차별을 피할 수 없었다. 대부분 보병 아니면 식량과 탄약 같은 것을 운반하는 치중병輜重兵에 배치되었다. '치중병이 군인이라면 잠자리도 새'라는 말이 있을 만큼 치중병은 하찮은 존재였다.

전황은 하루가 다르게 급박해져갔다. 더 이상 조선인 징병을 미룰 수 없는 상황이 되었다. 식민지 청년들을 전장의 총알받이로 동원하지 않고는 일본인의 인적 손실을 만회할 수 없었기 때문이다. 갑자기 한반도 도처에서 '징병제는 무상의 영광'이라는 선전 나팔 소리가 울려 퍼지기 시작하였다.

중등학교 이상의 학교에서는 현역 장교가 학생들의 군사훈련을 담당하였다. 국민학교 졸업생은 청년훈련소에서 훈련을 받고, 국민학교를 마치지 못한 청년들은 청년특별훈련소에 입소하였다. 1944년 4월부터는 징병검사가 실시되었다. 1945년 8월까지 육해군 합쳐 20만 명 남짓한 조선인 청년들이 징집되었다.

현역 군인 외에 일본군 군속, 군무원 등으로 동원되는 사람도 많았다. 가장 큰 부분을 차지한 것은 군사시설 공사에 종사한 군 노무자였다.

일본군이 필리핀, 싱가포르, 자바 등지를 점령하면서 다수의 연합국 병사들이 사로잡혔다. 포로를 관리하기 위한 포로감시원이 필요하였다. 조선총독부는 포로감시원 모집을 각 읍면에 할당하였다. 이렇게 모집된 3천여 명의 조선인 포로감시원이 남방 각곳의 포로수용소에 배치되었다. 이들은 가장 말단에서 일했음에도 불구하고 전쟁이 끝난 다음 상당수가 전범으로 기소되었다. 포로에 대한 가혹행위가 그 이유였다. 유죄를 선고받은 148명 가운데 23명은 사형에 처해졌다. 수십만 명의 무고한 생명을 죽음의 구렁텅이로 몰아넣은 전쟁의 최고 책임자 대부분은 책임을 피해가거나 경미한 처벌에 그쳤다. 자신을 변호할 기회조차 제대로 갖지 못한 채 형장의 이슬로 사라진 말단 포로감시원들의 억울함이 얼마나 컸을지 상상하고도 남는다.

군인이나 군무원으로 전장에 끌려간 조선인은 모두 합쳐 36만여 명에 달한다고 한다. 그 가운데 고국으로 돌아온 사람은 채 절반도 되지 않는다.

국민징용령의 반포와 노동력 징발

국가총동원법이 시행되면서 전선에 병력을 보내는 일뿐만 아니라 후방에 필요한 노동력을 동원하는 일도 강압적으로 진행되었다. 국가총동원법은 일본 내에서도 '헌법 정신에 반한다'며 논란이 일었다.

1939년 7월 국민징용령이 반포되었는데, 민족적 저항을 우려하여 한반도에서는 우선 모집의 형식으로 노동력 징발을 추진하였다. 이때부터 노무동원계획에 따라 일본 지역으로 노무자들이 집단 송출되기 시작하였다. 조선총독부는 중앙과 지방에 각각 노무동원 업무를 담당하는 행정부서를 두었다.

노무동원에는 할당 모집, 관 알선, 국민징용 등의 방법이 사용되었다. 할당 모집은 조선총독부가 노무자의 모집지역과 인원을 결정한 다음, 행정기관과 기업 모집 담당자가 함께 노무자를 모집하는 방식이었다. 관 알선 방식에서는 일본의 탄광이나 공장에서 필요한 노동자를 요청하면 총독부가 각 도에 할당하고, 허가받은 모집인이 행정기관의 도움을 받아 노동자를 모집하였다. 국민징용은 일본 정부가 징용영장을 교부하여 송출하는 방식이다. 세 가지 모두 국가 권력이 강제력을 동원하였다는 점에서는 차이가 없다.

대동아전쟁 +++

일본은 메이지 시대 이래 영국, 미국과 우호관계를 유지해왔다. 여기에 금이 가기 시작한 것은 중일전쟁이었다. 일본은 대공황 이후 세계질서가 재편되는 흐름을 이용하여 중국을 일본 제국주의의 세력권으로 편입하려 하였다. 1940년 봄 독일이 유럽 전선에서 승승장구하고 영국의 패권이 위협받게 되자, 일본은 동남아시아까지 세력을 확장하는 '대동아공영권'을 표방하였다.

일본군은 1941년 7월 프랑스령 인도차이나로 진주하였다. 이에 맞서 미국과 영국 등은 일본의 재외자산을 동결하고 일본에 대한 석유수출을 금지하였다. 당초 일본의 목적은 중국을 비롯한 동남아시아 지역에서의 세력권을 인정받는 것일 뿐, 미국과 전쟁을 바랐던 것은 아니다. 하지만 미국이 앞장선 경제제재에 자극받은 일본은 1941년 12월 하와이 진주만을 기습함으로써 미국과의 전쟁에 돌입하게 된다.

일제는 서양의 식민지에서 아시아 민족을 해방하기 위한 전쟁이라는 명분을 내세웠다. 영국령 말레이시아를 비롯해 많은 곳이 일본의 식민지가 되었으며, 곳곳에서 항일세력에 대한 무자비한 학살이 자행되었다. 전선이 확대됨에 따라 우리 같은 일본의 식민지 백성들은 전쟁의 총알받이로, 군속으로, 강제징용 노동자로 끌려가야 했다.

1942년 6월의 미드웨이 해전에서 일본은 미국에 전쟁의 주도권을 빼앗기게 된다. 지리한 싸움은 1945년 8월, 히로시마와 나가사키에 원자폭탄이 투하됨으로써 막을 내렸다.

일본 경찰의 감시 아래 노역에 투입된 조선인 노동자들.

말이 모집이지 처음부터 자유의사를 가장한 사실상의 강제동원이었다. 일본 기업에 조선인 노무자를 징발할 권한을 주고, 경찰을 비롯한 행정기관이 물리력으로 뒷받침해 결국 대상자들이 응하지 않을 수 없게 하였다. 1944년부터는 일반징용이 시작되었다. 일반징용이란 징용 대상자에게 영장을 발부해 자신의 의사와 상관없이 조직적 폭력적으로 동원하는 방식이었다. 대상자들은 신체검사를 받은 다음 일본을 비롯한 각지의 산업현장으로 보내졌다.

외지로 끌려가지 않은 사람들도 창살 없는 감옥에 살기는 마찬가지였다. 자신이 하고 싶은 직업을 선택할 수도, 다니던 직장을 그만둘 수도 없었다. 1944년 조선총독부는 현원징용現員徵用을 실시한다고 발표하였다. 일하고 있는 공장이나 광산 등지의 노동자를 모두 징용하여 작업장을 떠나지 못하도록 하는 제도였다. 총독부는 전쟁 수행에 필요한 노동력의 통제를 위해 마을 단위까지 총동원연맹을 조직하였다. 당시 조선의 가구가 488만 호였는데, 연맹 회원이 458만 명이나 되었다. 학생들 또한 군수물자 마련과 국방시설 건설에 동원되었다.

조선인 노동자들은 주로 일본 본토의 광산이나 건설 현장, 공장 등에 배치되었다. 1941년부터는 만주, 사할린, 남양군도 등으로 지역이 확대되었다. 군속으로 차출되어 동남아시아와 남양군도 지역의 군사기지 건설에 동원된 사람도 많았다.

일본으로 끌려간 조선인 노동자들이 가장 많이 일한 곳은 어디였을까? 어두컴컴한 탄광의 지하 막장이었다. 40% 남짓한 노동자들이 북쪽의 사할린과 홋카이도에서부터 남쪽의 규슈 일대 탄광에 보내졌다. 일본제국주의에 부역한 전범기업인 미쓰비시가 소유했던 다카시마 탄광, 하시마 탄광, 유바리 탄광, 미쓰이 그룹이 운영한 미이케 탄광 등이 대표적이다.

영화 〈군함도〉로 잘 알려진 하시마 탄광은 지옥섬이라고 불릴 만큼 악명 높은 곳이었다. 제대로 서 있기조차 힘든 좁은 갱도 안에서 노동자들은 하루 12시간씩 노동에 시달렸다. 하시마 탄광에서 일한 조선인 노동자의 20%가 목숨을 잃었다고 한다. 하시마 섬 인근의 다카시마 탄광 역시 해저 탄광으로 열악한 노동 환경이 하시마 못지않았다. 미이케 탄광에서는 노동강도가 점점 세져 1944년 말에는 적어도 하루 15시간을 일해야 채울 수 있는 탄차 20대가 작

영화 〈군함도〉로 잘 알려진 하시마 탄광은 지옥섬이라고 불릴 만큼 악명이 높았다.

업량으로 할당되었다.

일본의 주요 대기업은 전범기업이다

일본인 학자 다케우치 야스히토의 연구에 따르면 미쓰비시 그룹이 연행해간 조선인 노동자만 10만 명에 이른다. 탄광을 비롯한 광산에 6만, 나가사키 조선소를 비롯한 중공업 부문에 2만, 그리고 지하 군수공장 건설에 수만 명이 동원되었다. 나가사키 조선소는 일본 해군이 사용할 전함을 건조한 곳으로, 이곳에서만 5,975명의 조선인이 일하였다. 전쟁 막바지에 미군의 공습이 시작되자 주요 군수공장을 지하화하는 사업이 국책으로 추진되었다. 미쓰비시 그룹의 지하공장 건설에만 수만 명의 조선인 노동자가 투입되었다. 다케우치 야스히토는 미쓰비시 한 재벌의 사업장에서 일한 노동자의 수가 일본 본토로 끌려간 전체 조선인 노동자의 10%에 해당한다고 주장한다.

이처럼 일본의 주요 대기업들은 징용 문제와 깊이 관련되어 있다. 기타큐슈에 자리한 야하타 제철소는 태평양전쟁 중 일본 철강 생산량의 절반을 차지한 제철소였다. 최근 강제징용 배상 문제로 한일관계를 미궁 속으로 몰아놓은 신일철주금의 뿌리가 바로 야하타 제철소다. 이곳에도 9,200명의 조선인 노동자가 강제 동원된 것으로 알려져 있다.

조선인 노동자들은 제철소에서는 삽으로 탄을 옮기는 막일, 조선소에서는 철재를 운반하거나 도금공장에서 구리 파이프를 구부리는 등의 단순 노동에 종사하였다. 수용소나 다름없는 숙소에서 아사餓死를 면할 정도의 부실한 음식을 제공받으며 짐승처럼 일해야 하였다.

더욱 견디기 어려운 것은 일상적인 구타였다. 미이케 탄광에서는 한 달에 20일 이상 일하지 않으면 구타를 당하였다. 나가사키 조선소에서 탈출을 감시하는 역할은 해군 보초가 맡았다. 도망치다 잡히면 죽을 만큼 린치를 당한 후 다시 작업에 투입되었다.

지난 2015년 일본은 하시마 탄광, 다카시마 탄광, 미이케 탄광, 나가사키 조선소, 야하타 제철소 등을 포함한 규슈와 서일본 일대의 근대 산업시설을 유네스코 근대문화유산으로 등재하였다. 그 과정에서 한국 등의 반대에 부딪치자 이들 시설에서 강제징용이 행해졌음을 알리는 후속조치를 취하겠다고 약속하였다. 하지만 아직까지도 강제노동을 명확히 인정하지 않은 채 미봉책으로 일관하고 있다.

징용된 조선인 노동자들의 사망률은 통상의 경우에 비해 아주 높았다. 열악한 작업환경과 부실한 안전관리 탓이었다. 미군의 공습에 의한 사망도 적지 않았다. 몸담고 있던 곳의 태반이 방위산업체였기 때문이다. 히로시마와 나가사키 지역에서 일하던 노동자들은 원폭 피해를 피할 수 없었다. 나가사키에서만 조선인 1만 명이 사망하였다. 피폭자는 그 두 배에 이른다. 남양군도로 징용된 사람들은 거의 살아 돌아오지 못하였다.

일제가 패망한 다음에도 이들 노동자들이 귀국하는 길은 험난하였다. 강제징용의 책임이 있는 만큼 이들이 안전하게 고국으로 돌아올 권리를 보장해야 했음에도 불구하고 일본 정부는 수수방관하였다. 귀국할 방법을 찾지 못한 사람들은 항구에서 유숙하며 하염없이 배를 기다려야 하였다. 귀국하는 과정에서 사고나 폭격으로 사망자가 발생하기도 하였다. 아오모리에서 부산으로 향하던 우키시마루 호 침몰사건은 지금까지도 사람들의 가슴에 큰 상처로 남아 있다. 우키시마루 호에는 비행장을 비롯한 군 요새 건설에 동원되었던 조선인 노동자와 가족 수천 명이 타고 있었다. 도중에 배가 폭침되어 정확한 숫자조차 알 수 없는 많은 동포들이 목숨을 잃었다.

강제징용된 조선인들은 피해보상은커녕 급여조차 지급받지 못한

조선인 노동자들을 태우고 부산으로 향하던 중 일본 연안에서 폭침한 우키시마루 호.

경우가 많다. 우리 대법원은 강제징용 피해자들의 손해배상청구권은 1965년에 체결된 한일청구권협정에 포함되지 않는다는 판결을 내린 바 있다. 이에 대해 일본 정부는 상식 밖의 경제보복으로 대응하였다.

쌀도 쇠붙이도 솔방울도 모조리 거둬가다

중일전쟁이 시작되면서 조선은 일제의 전쟁 수행을 위한 병참기지 역할을 떠맡아야 하였다. 군용 식량을 조달하기 위해 1938년에 산미증식계획이 다시 부활하였다. 쌀은 모두 공출 대상이 되었다. 1943년 들어서는 쌀 공출량이 생산량의 60%를 넘었다. 식량 사정이 점점 어려워지자 조, 피, 수수, 콩 같은 잡곡까지 통제되었다.

조선에서 생산된 광물자원은 모두 일제의 수탈대상이었다. 금은 전량 일본으로 반출되어 전쟁 비용 마련에 충당되었다. 전쟁이 장기화됨에 따라 철광석 수요는 계속 늘어나는 반면에 일본에서 채굴되는 철광석의 양은 얼마 되지 않았다. 그럴수록 일제의 시선은 한반도로 쏠렸다. 1930년대 말에 채 100만 톤이 되지 않던 한반도에서의 철광석 생산량은 불과 3, 4년 만에 2.5배 수준으로 늘어났다. 병기를 만드는 데 반드시 필요한 특수광물의 한반도 의존도 역시 상상을 초월하였다. 마그네사이트와 흑연 같은 광물은 100%, 텅스텐은 90% 가까이를 한반도산이 차지하였다. 1941년부터는 금속류가 공출 목록에 포함되었다. 교량 난간, 가로등, 동상, 불상 할 것 없이 닥치는 대로 쇠붙이란 쇠붙이는 긁어갔다. 전쟁 막바지에는 솥이나 냄비 같은 가정 생활물품까지 거둬갔다.

이성을 잃은 일본제국주의의 수탈과 학정 속에서 우리 민족의 고통은 하루가 다르게 가중되었다. 그럴수록 파국을 향해 치닫는 일제의 단말마의 비명이 목전에 다가오고 있었다.

참고문헌

독립운동사편찬위원회, 《독립운동사》 8, 1976.

박찬승, 《한국독립운동사》, 역사비평, 2014.

윤진헌 편저, 《한국독립운동사》 하, 한국학술정보, 2008.

박경식, 《일본제국주의의 조선지배》, 청하, 1986.

조동일, 《한국문학통사》 5, 지식산업사, 1988.

한일문제연구원, 《빼앗긴 조국 끌려간 사람들》, 아세아문화사, 1995.

도노무라 마사루, 《조선인 강제연행》(김철 옮김), 뿌리와이파리, 2018.

미야타 세쓰코, 《식민통치의 허상과 실상》(정재정 옮김), 혜안, 2002.

竹内康人, 〈三菱財閥による強制連行·戦時労働奴隷制について〉, 2004.

꽃다운 처녀들,
일본군의 성노예가 되다

영화 〈주전장〉이 옳은가, 《반일종족주의》가 옳은가

일본제국주의가 저지른 반인륜적 범죄의 하나는 꽃다운 나이의 여성들을 끌어다 일본군의 성노예로 삼은 것이다. 일본계 미국인 감독이 메가폰을 잡은 영화 〈주전장〉主戰場은 색다른 이야기 전개로 일본군 위안부 문제의 본질에 다가간다. 영화가 개봉되자 전쟁할 수 있는 나라를 만들어야 한다며 과거의 치부를 숨기기에 급급했던 일본 우익들은 혼비백산하였다. 상영 중지를 요구하는 소송이 제기되는가 하면 감독을 테러하겠다고 공갈협박하는 사태가 빚어졌다. 왜 그랬을까? 그것은 물을 것도 없이 영화가 역사의 진실을 담고 있기 때문이다.

반면에 최근 국내에서 출간된 《반일종족주의》라는 책은 전혀 다른 시각을 보여준다. '위안부들이 관헌에 의해 강제연행되었다는 것

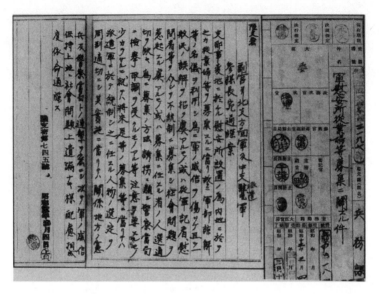

일본 육군성 병무국이 작성한 군 위안부 모집 서류.

은 심각한 오해'라며, 그들은 '성노예라기보다는 성노동자'라고 주장하고 있는 것이다. '때론 좋은 곳에 취직시킨다는 감언이설의 속임수가 동원되기도 했지만, 그들에게는 가난과 폭력이 지배하는 가정을 벗어나 도시의 신생활로 향하는 설렘도 없지 않았을 것'이라는 대목에서는 아연실색하지 않을 수 없다.

〈주전장〉과 대척점에 서 있는 이 같은 역사인식은 1993년 일본 정부가 '고노 담화'라는 이름으로 발표한 것보다 훨씬 퇴영적일 뿐 아니라, 일본 보수 우익의 주장과 궤를 같이한다. 고노 담화는 '위안소가 군 당국의 요청에 의해 설치되었으며, 위안소의 설치, 관리와 위안부의 이송에 일본군이 관여하고, 위안부의 모집에 감언, 강압

검진을 받기 위해 진료소로 향하는 조선인 위안부들. 조선인 여성은 성병에 걸리지 않고 건강해 일본군 위안부로 선호되었으며, 강제동원되는 비극의 한 원인이 되었다.

등 본인들의 의사에 반하는 사례가 많았으며, 관헌 등이 직접 가담하였다'고 밝히고 있기 때문이다. 또한 '위안소 생활이 강제적인 상태 하에서 참혹한 것'이었음을 인정하였다.

국제사회는 일본군 위안부 문제를 규탄하는 대열에 함께하고 있다. 2007년 미 하원에서 일본 정부의 책임을 묻는 위안부 결의안이 통과되었다. 유럽의회, 네덜란드, 캐나다 등 100여 국이 훨씬 넘는 나라에서도 일본 정부의 공식 사과와 책임을 촉구하는 결의안이 채택되었다. 유엔 인권이사회 역시 일본은 '위안부 문제에 정중히 사죄하고 희생자들에게 보상하라'는 권고를 내렸다.

그럼에도 불구하고 일본 정부는 기회만 있으면 자신들이 공식 발표한 고노 담화마저 부정하는 발언을 반복해오고 있다. 아베 내각은 한술 더 떠 고노 담화의 내용을 폐기 수정하겠다는 입장이다. 일본사회의 우경화가 심화되면서 1990년대보다도 역사인식이 한참을 뒷걸음질하고 있다.

서울에 자리한 일본 대사관 앞에서는 이 같은 일본의 행동에 항의하고 책임있는 사과를 요구하는 수요집회가 매주 열리고 있다. 1992년 시작되어 벌써 1,400회를 넘겼다. 집회를 찾는 위안부 피해 할머니들의 숫자는 점점 줄고 있다. 할머니들이 하나둘 세상을 뜨고 있기 때문이다. 수요집회는 위안부 문제가 아직도 지나간 과거사가 아님을 일깨워준다.

국가폭력에 의한 반인륜적 범죄

중일전쟁 시기부터 태평양전쟁기에 걸쳐 일본군이 주둔한 전선에는 군 위안소가 설치되었다. 만주와 중국대륙을 거쳐 남방의 미얀마 전선과 뉴기니에 이르는 광범위한 지역이 모두 해당한다.

일본군은 전선에서 싸우는 병사들의 정신적 위안을 도모한다는 구실로 군 위안소를 설치하였다. 이곳에는 한반도를 비롯한 일본의 식민지에서 많은 여성들이 끌려와 일본군의 성노예 생활을 강요당하였다.

일본군 위안소는 1931년의 만주사변 이후부터 운영되기 시작하였다. 이 무렵에는 군의 묵계 아래 유흥업주들이 군용 위안소를 설치하였다. 중일전쟁 이후 대량의 일본군이 중국에 투입되자 군이

직접 개입해 위안소를 개설하였다. 일본군은 '야전주보규정'野戰酒保
規程을 개정하여 위안소 설치를 위한 법적 장치를 정비하였다. 이에
따라 상해를 비롯한 중국 각지에 위안소가 차례로 문을 열었다. 일
본군은 일본 정부와 조선총독부, 대만총독부 등의 협조를 얻어 위
안부를 동원하였다.

　일본 정부는 업주들이 위안소를 설치하고 운영하였을 뿐, 공권력
을 동원한 강제성은 없었다는 입장이다. 하지만 1937년 12월에 상
해 일본총영사관 경찰서가 작성한 문서(《황군장병을 위한 위안부 여성
들의 도래에 관한 편의제공 의뢰서》)를 보면 일본 영사관과 헌병대, 육
군이 업무를 분담해 중국전선 각지에 일본군 위안소를 설치하였음
을 알 수 있다. 영사관은 위안부와 업주들을 중국에 입국시켜 헌병대
에 인계하였으며, 헌병대는 이들의 수송 업무를, 그리고 육군 무관실
은 위안소를 책임맡았다. 이 문서에는 또한 '위안부를 모집하기 위해
일본과 조선 방면으로 여행 중인 자가 있음'이라고 기록되어 있다.

　위안부를 동원하는 방식은 시기와 장소에 따라 차이가 있었다.
한반도에서는 취업사기, 공권력을 동원한 협박, 인신매매 같은 방법
이 사용되었다. 민간업자가 신문광고 등을 통해 모집하기도 했지만,
주로 취직이나 돈벌이를 미끼로 여성들을 끌어 모았다. 총독부 관
리들이 모집에 관여하는 경우도 상당히 많았다. 1941년에는 조선총
독부가 나서 조선 여성 수천 명을 만주의 관동군 부대에 보냈다. 태
평양전쟁기에는 전선의 확대에 따라 훨씬 많은 수의 위안부가 동원
되었으며, 필리핀, 인도네시아, 미얀마, 뉴기니, 인도차이나 등으로
확장되었다.

미얀마 북부의 미치나에서 연합군의 심문을 받고 있는 위안부 여성들.

모집된 여성들은 군의 협조와 주관 아래 현지로 이송되었다. 일본이 진주만을 공격한 무렵부터는 외무성 관할에서 군이 주관하는 형태로 바뀌었다. 군 증명서를 발급받은 인솔자가 일본군의 도움을 받아 여성들을 수송하였다.

위안소의 운영은 주로 민간업주에게 위탁하였다. 하지만 일본군이 업주를 선정하고 운영하는 일을 하나하나 감독하였다. 중국 호북성에 주둔하고 있던 모리카와 부대처럼 위안소가 부대 내에 설치된 곳도 있었다. 부대 밖에 위안소가 설치된 중국 한구에서는 건물 앞에 보병과 헌병이 상주하였다. 육군성은 군 위안소의 숫자까지 기획하고 통제하였다. 일본 주오 대학의 요시미 요시아키 교수는 일본 군부가 위안소를 설치하고 운영하는 주체였음을 밝혔다.

일본 정부는 위안부 강제동원과 군부에 의한 위안소 운영이 국제 법상의 범죄행위임을 잘 알고 있었다. 위안부를 모집하면서 일본에 서조차 취업사기와 인신매매가 횡행하자, 그들은 일본 정부와 군이 개입한 흔적을 남기지 않으려 애썼다. '부녀 및 아동의 매매금지에 관한 국제조약'에 의하면 스스로 매춘업에 종사하는 여성도 21세 이상이어야 한다. 그런데 일본군 위안부 중에는 10대 중반의 어린 소녀들도 많았다. 강제연행은 어떠한 경우라도 범죄로 규정될 뿐 아니라, 일본 형법에도 성매매를 목적으로 한 국외이송을 금지하는 조항이 있었다. 이 같은 걸림돌 때문에 국가적 차원의 범죄행위가 자행되었음에도 불구하고, 관련자료가 거의 남아 있지 않다.

'성스러운 전쟁을 수행하는 황군'(?)을 위한 도구

영화 〈주전장〉 속에 등장하는 옛 일본군 병사는 여자들을, 심지 어 일본 여성들조차도, 단지 전쟁을 위한 도구로 인식하도록 교육 받았노라고 고백하고 있다. 위안부는 '성스러운 전쟁을 수행하는 황 군'의 사기를 북돋기 위한 도구였을 뿐이다. 일본제국주의자들에게 는 위안부 제도도, 강제동원도, 위안부에 대한 비인격적 대우도 범 죄가 아니었다.

일본 육군성 보고서에 등장하는 위안소의 숫자만도 400여 곳에 이른다. 이곳에 수용된 여성들은 대부분 열악한 환경에서 비참한

성노예 생활을 견뎌야 하였다. 일본군이 정한 위안소 규정에 의해 생활이 엄격히 통제되고, 병사와 업주들의 폭력이 무시로 자행되었다. 요시미 요시아키 교수는 위안부 제도는 노골적인 노예제였다고 주장한다. 하루에 10명 이상의 병사들을 상대해야 하는 경우도 많았다. 위안부들에게 거부의 자유는 없었다. 휴일은 한 달에 고작 1회 정도였는데, 월경을 할 때도 휴식은 허락되지 않았다고 한다. 임신 후 낙태수술을 받고 사망하는 경우도 적지 않았다.

인간 이하의 대우를 받으며 인고의 세월을 견뎠건만, 전쟁이 끝난 다음에도 이들에게 밝은 빛은 찾아오지 않았다. 전쟁에서 진 일제는 '위안부' 제도 운영사실을 숨기기 위해 위안부 여성들을 학살하거나 집단자살을 강요하기까지 하였다. 연합군에 사로잡혀 포로수용소에 수용된 경우도 많았다. 적지 않은 사람들이 그리던 고국에 돌아오는 길을 끝내 포기하고 말았다. 돌아오는 방법을 몰랐거나 스스로 이국땅에 남는 길을 선택하였다. 사람들 앞에 얼굴을 드러내기가 주저되었기 때문이다. 귀국한 사람들도 정신적 육체적 트라우마에 시달려야 하였다.

정신대와 일본군 위안부는 다르다

일본군 위안부로 얼마나 많은 여성들이 동원되었는지 자세히는 알 수 없다. 전모를 알려주는 자료가 발견되지 않아서다. 한편 정신대란 말과 일본군 위안부가 혼용됨으로써 더욱 혼란스러운 부분이

기숙사를 나와 진해 제51해군 항공창으로 출근하는 여자정신대원들.

있다. 일제강점기부터 우리나라에서는 정신대挺身隊라는 말이 널리 쓰였다. 그리고 언제부터인지 정신대가 일본군 성폭력 피해자를 지칭하는 말로 인식되게 되었다.

정신대와 일본군 위안부는 전혀 다르다. '정신대'는 '여자근로정신대'를 가리키는 말로 주로 공장 등에서 근로노동에 종사하였다. 남성들의 전쟁 동원으로 인력이 부족해지자, 일제는 여성 노동력을 동원하는 방안을 강구하게 된다. 1940년 초에 여자 간호생도를 모집한 이래 직업전사라는 이름으로 여성 동원이 이루어지기 시작하였다.

정신대란 이름으로 여성의 노무동원이 본격화한 것은 1944년이었다. 이해 8월에 여성을 강제동원하는 '여자정신근로령'이 발포됨으로써, 12세부터 40세까지의 미혼여성들이 노무동원 대상이 되었다. 한반도에서도 관의 알선에 의한 여자정신대 동원이 이루어졌다. 국민학교 교사나 학교장이 학생들의 참가를 설득하고 강요하는 사례가 많았다. 다른 경로를 통해서도 지원을 빙자한 모집이 강행되었다. 이들은 나고야의 미쓰비시 중공업, 도야마의 후지코시 공장, 도쿄의 아사이토 방적 등에 동원되었다.

그런데 일본군과 결탁한 업주들이 정신대로 동원된 여성의 일부를 일본군 위안부로 투입하는 일이 발생하였다. 이 때문에 정신대가 위안부를 의미하는 용어로 혼용된 것으로 보인다.

일본군 위안부 중에는 조선 여성뿐 아니라 일본인, 대만인, 중국인, 필리핀 인, 인도네시아 인, 네덜란드 인 등이 있었다. 일본 여성은 직업여성 위주였다. 일본의 식민지나 점령지 여성들은 강제동원된 경우가 대부분이었다. 일본군에 사로잡힌 교전 상대국의 여성 포로들이 강제동원된 경우도 있었다. 여러 나라에 걸친 국제범죄였다.

일본을 대표하는 출판사의 하나인 헤이본샤가 펴낸《조선을 아는 사전》朝鮮を知る事典은 "1943년부터는 여자정신대라는 이름 아래 약 20만 명의 조선 여성이 노무동원되었으며, 그 가운데 젊은 미혼 여성 5만~7만 명이 위안부가 되었다"고 기술하고 있다. 일본의 우익 학자들은 이보다 훨씬 낮춰 잡고, 우리나라 학자들은 더 많을 것으로 추산한다. 모든 성폭력 피해국가로 확대하면, 얼마나 많은 여성들이 일본군의 성노예가 되어 고통 받았을지 미루어 짐작할 수 있다.

일본군 위안부 문제는 1990년대 들어서야 비로소 사회문제화되었다. 그동안 고통 속에서 살아온 피해자들이 커밍아웃하면서 일제의 만행을 세상에 알리기 시작한 것이다. 남북한을 합쳐 모두 457명이 이 대열에 동참하였다. 오스트레일리아, 필리핀, 중국 등지에서도 피해자의 커밍아웃이 이어졌다.

국제사회의 보편적 인식은 위안부 할머니들이 '일본제국주의의 최대 피해자들'이고, 일본 정부의 공식 사과와 피해에 대한 보상이 이루어져야 한다는 것이다. 하지만 일본 정부는 모르쇠로 일관하고 있다. 피해자들이 모두 세상을 뜨기를 기다리는 것일까? 군국주의로 회귀하려는 일본의 역사 부정이 지속되는 한 희망의 실마리를 찾기는 요원해 보인다.

참고문헌

한국정신대문제대책협의회,《일본군 위안부 문제의 책임을 묻는다》, 풀빛, 2001.

박경식,《일본제국주의의 조선지배》, 청하, 1986.

한일문제연구원,《빼앗긴 조국 끌려간 사람들》, 아세아문화사, 1995.

요시미 요시아키,《일본군 위안부 그 역사의 진실》(남상구 옮김), 역사공간, 2013.

미야타 세쓰코,《식민통치의 허상과 실상》(정재정 옮김), 혜안, 2002.

伊藤亜人 外,《朝鮮を知る事典》, 平凡社, 1986.

前田朗,《慰安婦問題·日韓合意を考える》, 彩流社, 2016.

영토침략 야욕은 계속되고 있다

독도인가, 다케시마인가

2019년 7월 러시아 군용기가 독도 인근의 한국방공식별구역KADIZ 을 침범하는 사건이 있었다. 일본 정부는 러시아 군용기가 자국의 영공을 침입했다며 항의성명을 발표하였다. 웃고 말 일이 아니다.

일본은 2005년부터 방위백서에 다케시마竹島(일본에서는 독도를 다케시마라고 부른다)가 일본 고유의 영토라는 주장을 담고 있다. '독도는 일본 땅'이라는 정치인들의 망언은 해가 갈수록 강도를 더해 간다. 2020년부터는 초등학교와 중학교에서 독도가 일본 고유의 영토라는 내용을 의무적으로 가르치기 시작하였다.

일본 정부는 독도가 역사적으로도 국제법적으로도 일본 고유의 영토이며, 한국이 불법 점거하고 있다는 입장이다. 일본 외무성이 펴낸 독도 자료(《竹島: 다케시마 문제에 관한 10개의 포인트》)는 독도가 일본 영토라는 이유를 10가지 항목으로 요점정리하고 있다. 이를 압축하면 자신들은 17세기 중반에 독도의 영유권을 확립하였으며, 1905년의 일본 각의 결정과 시마네 현 고시를 통해 독도 영유 의사를 재확인하였다는 것이다. 일본의 패전후 체결된 샌프란시스코 강화조약에서도 독도가 일본령으로 인식되었다고 주장한다.

독도가 역사적으로 일본 영토였다는 주장의 근거는 무엇인가? 17세기 들어 돗토리 번에 사는 두 사람의 어부가 막부幕府의 도해면허를 얻어 울릉도에서 어로활동을 하였다고 한다. 이때 독도를 중간 기착지로 이용하였으므로 독도에 대한 일본의 영유권이 확립되었다는 것이다. 두 사람의 어부는 교대로 1년에 한 번 울릉도에 도항하였을 뿐이라고 한다. 참으로 너그러운 사람들이다. 기왕이면 섬이 크고 사람이 살 수 있는 울릉도 영유권을 주장할 법한데, 1년에 한 번 잠시 스쳐 지나간 독도만 자기네 땅이라고 우기니.

조선의 입장에서 보면 일본 어부들의 행동은 불법어로였다. 일본인의 불법어로가 외교문제로 비화하자 일본 막부는 울릉도와 독도를 조선 땅으로 인정하고 일본인의 도항을 금지시켰다. 메이지 정부가 들어선 다음 일본 정부의 최고책임자인 태정관은 다케시마(울릉도)와 마쓰시마(독도)는 일본 영토가 아니라는 것을 다시금 확인하였다. 일본 정부가 독도를 조선 땅이라고 인정한 명백한 역사적 증거이다.

일본이 '독도를 영유한다는 의사를 재확인'하였다는 1905년의 일본 각의 결정과 시마네 현 고시는 어떤가? 일본 내각 회의의 결정문은 '무주지無主地 선점론'에 입각해 있다. '다른 나라가 점유했다고 인정할 형적이 없'으므로 일본 소속으로 하였다는 것이다. 이는 고유영토설과는 전혀 다른 논리이다. 자신들의 주장이 앞뒤가 맞지 않는다는 사실을 뒤늦게 알아차린 것일까? 일본 외무성의 주장이 1905년 무렵과 달리 '영유 의사 재확인'이라는 어정쩡한 입장으로 바뀌었으니. 일본은 1877년의 태정관지령을 통해 울릉도와 독도의 주권이 조선에 있음을 분명히 인정하였다. 또한 일본이 시마네 현에 독도를 편입하기 5년 전에 대한제국은 울도군을 설치해 독도를 그 영역 속에 포함시켰다. 독도가 무주지였다는 주장도, 자신들의 영토라는 주장도 모두 터무니없다.

샌프란시스코 강화조약에서 독도가 일본령으로 인식되었다는 것은 사실인가? 일본이 패전한 다음 연합국의 기본 입장은 일본이 점령한 모든 땅을 당사국에 되돌려준다는 것이었다. 그리고 그 기준시점은 일본이 침략전쟁을 시작한 1894년의 청일전쟁이라는 공감대가 있었다. 그런 까닭에 1946년에 발효된 연합국 최고사령부 지령과 1950년에 연합국이 강화조약을 위해 마련한 '옛 일본 영토 처리에 관한 합의서'에는 일본이 대한민국에 넘겨줘야 하는 섬에 '리앙쿠르 섬'(독도)이 포함되어 있다. 일본은 샌프란시스코 강화조약 문안 속에 독도가 명시적으로 표기되지 않았다는 이유로 독도가 '일본령으로 인식'되었다고 일방적으로 주장할 뿐이다. 당시 독도가 일본령으로 확정되었다고 인정하는 연합국 대표는 아무도 없었다.

1952년 1월 대한민국 정부는 평화선을 공포해 독도를 한국 수역에 포함시켰다. 역사적으로 독도가 우리 땅임에 의문의 여지가 없기 때문이었다. 대한민국 정부 출범 이래 독도에 대한 우리의 실효지배는 흔들림 없이 이어져오고 있다. 1965년 한일협정을 체결할

때 독도 문제가 다시 제기되었지만, 한일 양국은 '한국이 점거한 현
상을 유지한다'고 합의하였다. 우리 정부는 독도가 분쟁 대상조차
되지 않는다는 입장이다.

독도는 우리의 고유영토이다

독도는 울릉도에서 동남쪽으로 87km 떨어진 동해상에 위치한
다. 일본 땅 가운데 가장 가까운 오키 섬과는 157km 거리다. 동도
와 서도의 두 개의 큰 섬과 여러 개의 작은 바위섬으로 이루어져
있다.

우리 역사에서 독도는 예로부터 울릉도의 부속도서로 인식되었
다. 신라는 512년에 지금의 울릉도인 우산국을 복속시켰다. 국내
학자들은 대체로 이때부터 독도가 우리의 고유영토가 되었다고 해
석한다.《세종실록지리지》에는 "우산于山과 무릉武陵의 두 섬은 울
진현의 정동쪽 바다 가운데 있는데, 두 섬의 거리가 멀지 않아 날
씨가 맑은 날이면 바라볼 수 있다. 신라 때는 우산국이라고 불렀
다"는 기록이 쓰여 있다. 무릉은 울릉도, 우산은 독도를 가리킨다.
세종 때 울릉도 주민을 쇄환하기 위해 파견된 김인우의 직책은 우
산무릉등처안무사于山武陵等處安撫使였다. 조선은 공도空島정책을 실
시하면서도 여러 차례 쇄환사를 파견하는 등 두 섬을 지속적으로
관리하였다. 국제법상의 실효지배를 증명하는 내용이다.

조선 전기에 독도가 우리의 영토였음을 말해주는 근거의 하나는

〈동국지도〉 속의 울릉도와 독도. 울릉도의 동쪽에 독도를 가리키는 '우산도'가
선명하다.

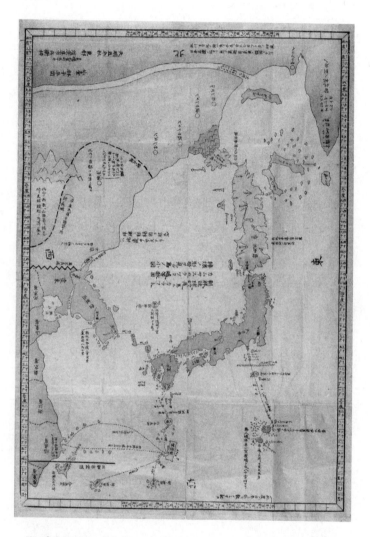

독도와 울릉도를 조선의 영토로 표시한 일본 지도 중의 하나인 〈삼국접양지도〉(1785).
조선과 일본의 채색을 달리하여 구분하고 있을 뿐 아니라, 울릉도와 독도 옆에
'조선의 소유임'이라고 표기해두었다.

1530년 편찬된 《신증동국여지승람》 속의 지도 〈팔도총도〉이다. 울릉도 옆에 우산도于山島가 그려져 있는데 안타깝게도 울릉도 서쪽에 자리하고 있다. 일본은 우산도의 위치와 크기를 문제삼아 우산도가 실재하지 않는 섬이라고 주장한다. 우리측의 다른 사료를 비판할 때는 우산도와 울릉도가 동일한 섬이라고 주장하기도 한다. 실재하지 않는 섬을 지도에 표시할 리도, 같은 섬을 따로 표시할 리도 없다. 조선시대의 많은 지도에 우산도가 등장하는데, 차츰 우산도의 위치가 울릉도의 동쪽으로 이동하는 모습을 볼 수 있다. 18세기 초에 정상기가 그린 〈동국지도〉에 이르면 두 섬의 위치가 바로 잡힌다. 지리적 개념이 확대되고 지도 제작기술이 발달함에 따른 자연스러운 결과이다.

1618년 일본 도쿠가와 막부는 돗토리 번 주민 두 사람에게 울릉도竹島(다케시마竹島는 에도 시대에 일본이 부른 울릉도의 이름) 도해면허를 내주었다. 이들은 1년에 한 번 울릉도에 건너가 어로활동을 하였는데, 중간 기착지로 독도松島(마쓰시마松島는 에도 시대에 일본이 부른 독도의 이름이며, 독도를 가리키는 말이 다케시마竹島로 바뀐 것은 1905년의 일본 각의 결정에 의해서다)를 이용하였다고 한다. 일본은 이때부터 독도에 대한 자신들의 영유권이 확립되었다고 주장한다. 하지만 막부의 도해면허는 오히려 울릉도와 독도가 조선령임을 일본이 알고 있었다는 자료일 뿐이다. 도해면허가 외국으로 항해할 때 발부하는 면허장이었기 때문이다. 또한 이들은 독도가 울릉도의 부속도서라는 사실도 인지하고 있었다. 도해면허를 받은 어부의 한 사람인 오야 진키치 가문의 문서 속에 들어 있는 '울릉도 안의 독도'竹島之內松島라는 표현이 이를 증명한다.

한동안 일본은 《은주시청합기》隱州視聽合記라는 고문서를 17세기 부터 자신들이 독도를 인지하고 있었다는 증거로 제시하였다. 《은주시청합기》는 독도를 기록한 일본 최초의 문서로 알려져 있다. 하지만 내용을 살펴보면 이 당시 일본이 독도를 조선령으로 인식하고 있었음을 알 수 있다. '독도와 울릉도에서 고려를 보는 것이 마치 일본 본토의 시마네 현에서 오키 섬을 보는 것 같아서, 일본 땅은 이곳을 마지막 경계로 삼는다'고 쓰여 있는 것이다. 불리함을 깨달은 일본은 더 이상 이 자료를 전면에 내놓지 않게 되었다.

도쿠가와 막부, 독도를 조선 땅으로 인정하다

조선시대에 독도를 가리킨 우산도는 당시 일본이 독도를 지칭한 마쓰시마松島와 같은 섬이다. 《숙종실록》 1696년 9월 25일자에는 두 차례 일본에 건너가 울릉도와 독도가 조선 영토임을 주장한 안용복 일행의 행적이 기술되어 있다. 실록 기사 속에는 안용복의 말을 인용하여 왜인이 말하는 '마쓰시마는 곧 자산도子山島(우산도于山島를 잘못 표기한 것으로 한자 표기가 비슷하여 발생한 문제인 듯하다)로서 이 역시 우리 땅이다'라는 표현이 보인다. 《동국문헌비고》(1770)와 《만기요람》(1808) 등도 '울릉도와 우산도는 모두 우산국 땅이다. 우산도는 왜가 말하는 마쓰시마다'라고 적고 있다. 이는 우산도와 마쓰시마가 같은 섬이라는 증거일 뿐 아니라, 조선 조정이 독도를 조선 땅으로 분명히 인식하였음을 보여주는 역사 자료이기도 하다.

우산도와 마쓰야마가 같은 섬인 것은 일본측 사료에서도 확인할 수 있다. 돗토리 번의 역사지리서인 《인번지》因幡志(1795)는 '우산섬于山嶋은 일본에서는 마쓰시마라고 부른다'고 기술하였다. 〈겐로쿠 각서〉는 안용복의 울릉도쟁계를 기록한 문서다. 각서 속에는 안용복이 〈조선팔도지도〉를 보이며 '조선국 강원도에 속하는 울릉도(다케시마)'와 마찬가지로 '마쓰시마 역시 같은 강원도 내의 자산于山이라는 섬'이라고 설명하는 내용이 기재되어 있다. 지방 관리였던 〈겐로쿠 각서〉의 기록자 또한 조선 팔도를 적어놓은 대목에서 '이 도(강원도)에는 다케시마와 마쓰시마가 속한다'고 주석을 달아놓았다. 당시 일본이 독도를 조선의 영토로 인식했음을 보여주는 증거이기도 하다.

조선과의 외교업무를 담당하던 쓰시마 번주의 명령에 의해 기술된 〈다케시마 기사〉 속에는 울릉도쟁계와 그 후 에도 막부와 조선 사이에 전개된 논쟁의 전말이 실려 있다. 막부는 돗토리 번에 다케시마(울릉도)와 마쓰시마(독도)에 대한 입장을 물었는데, 돗토리 번은 두 섬은 자신의 영역에 속하지 않는다고 회신하였다. 또한 거리상 조선국의 울릉도라고 해도 될 것이며, 독도는 울릉도로 어로잡이 가는 길에 잠깐 쉬어가는 곳이었을 뿐이라고 대답하였다. 이에 따라 에도 막부는 울릉도 출어를 금하겠다는 의사를 조선 정부에 전달하고, 발급한 도해면허를 취소하였다.

안용복 사건을 계기로 일본과 외교문제가 발생하자 조선은 울릉도와 독도에 관심을 기울이게 되었다. 조선 정부는 '일본인의 울릉도 도해渡海 및 채어採漁를 금지한다'고 결정하였다. 이어서 1694년에 수토사 장한상을 보내 울릉도를 수색하게 하였다. 울릉도에 도착한 장한상은 산에 올라 독도를 관찰하였다. 그는 동남쪽 방면으로 희미한 섬의 자태를 볼 수 있었다. 장한상은 '저 나라 땅을 뚫어져라 바라보아도 거리가 아득할 뿐 시야에 띄는 섬이 없었다'고 보고서에 기록하였다. 일본에 속하는 섬은 보이지 않는다 했으니, 그가 독도를 당연한 우리 영토로 생각했음에 의심의 여지가 없다.

다시금 독도를 조선 땅으로 인정한 메이지 신정부

1868년 일본에서는 도쿠가와 막부가 무너지고 왕정복고가 이루어졌다. 메이지 신정부는 영토를 확장하기 위해 영토 개척단과 조사단을 여러 곳에 파견하였다. 울릉도쟁계 이후 조선이 울릉도와 독도를 어떻게 관리하고 있는지 정탐하기 위해 조선에도 외무성 관리를 파견하였다. 이들은 정탐 결과를 〈조선국 교제시말 내탐서〉朝鮮國交際始末內探書라는 보고서로 작성하였다. 그 속에는 다케시마(울릉도)와 마쓰시마(독도)가 조선에 속하게 되었다는 명백한 표현이 들어 있다. 제목에서부터 두 섬이 조선의 영토라는 것을 전제로 한 자료이다.

근대법 체계 속에서 일본이 울릉도와 독도에 대한 조선의 영토주권을 명시적으로 승인한 역사적 사건은 1877년의 태정관지령이다. 일본 정부는 토지제도를 재편하면서 서양식 지적제도를 도입하였다. 시마네 현은 울릉도와 독도를 시마네 현의 지적에 올려야 하는지 정부에 질의하였다. 일본 정부는 17세기 말 조선과 일본 사이에

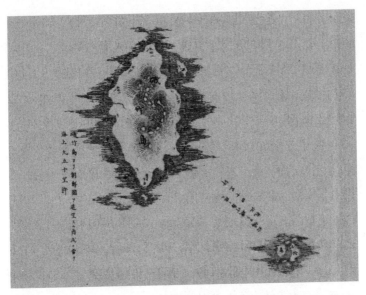

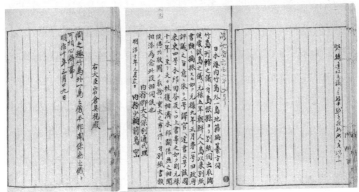

'울릉도를 비롯한 한 섬은 일본과 관계없음을 명심할 것'이라고 밝힌 태정관문서(아래).
첨부문서의 설명과 문서 속에 들어 있는 부속지도 〈기죽도약도〉(위)를 통해 '한 섬'이
독도임을 명백히 알 수 있다.

전개된 울릉도쟁계 자료를 비롯한 방대한 자료에 대한 검토작업을 벌였다. 그리고 내린 결론은 울릉도와 독도가 조선 영토라는 것이었다. 당시 최고국가기관이었던 태정관은 내무성을 통해 '다케시마竹島(울릉도를 가리킴)를 비롯한 한 섬竹島外一嶋은 일본과 관계없음을 명심할 것'이라는 지령을 시마네 현에 전달하였다.

다케시마 외의 한 섬이 독도라는 것은 첨부문서의 설명문을 통해 알 수 있다. '섬이 하나 더 있는데 마쓰시마松島라고 한다. 둘레가 약 30정町이고 다케시마와 동일노선에 있다. 오키 섬에서 약 80리이며, 나무나 대나무는 거의 없다'고 명백히 독도를 가리키고 있다. 또한 자세한 부속지도磯竹島略圖까지 첨부되어 있다.

태정관지령은 관보에 해당하는 태정류전太政類典에 올려 공시되었다. 이로써 울릉도쟁계를 통해 확정된 조선과 일본간의 국경 문제에 대한 합의는 일본 메이지 신정부의 최고국가기관에 의해 다시 한 번 확인되었다. 입법, 행정, 사법을 통할하던 태정관의 지령은 일본 국내적으로뿐 아니라 국제법상으로도 중대한 의미를 갖고 있다.

19세기 후반까지 조선 정부는 공도정책을 유지하면서 정기적으로 관리를 보내 울릉도를 점검하였다. 들어가 살지 못하게 하였어도 울릉도에 건너가는 사람은 계속 늘어났다. 일본 어부들도 울릉도에 들어와 살기 시작하였다. 1880년대 초에는 일본인이 울릉도에 마쓰시마松島라는 푯말을 세웠다.

조선 정부는 울릉도를 개척하기로 결정하였다. 주민들에게 세금을 면제해주는 등 이주장려책을 시행하였다. 일본이 청일전쟁에서 승리한 다음에는 일본인 이주민이 크게 늘어났다. 두 나라 주민 사이에 갈등이 심화되었다. 조선 정부가 일본인의 철수를 요청하였지만, 일본은 이를 거부하였다.

대한제국은 울릉도와 독도에 대한 관리를 강화할 필요를 절감하였다 그리하여 1900년 10월에 울도군을 설치하고 관할구역을 울릉 전도와 죽도, 석도로 한다는 칙령(대한제국 칙령 제41호)을 공표하였다. 석도石島는 독도를 가리킨다. 이 칙령은 독도가 울릉도에 속하는 우리 고유의 영토임을 밝힌 법적 조치에 해당한다. 1905년에 일본이 독도가 무주지라며 자국 영토에 포함시킨 행위는 자연히 설 자리를 잃게 된다.

일본은 '석도'가 '독도'를 의미하는지 명확하지 않다며 이의를 제기하고 있는 중이다. 1900년 무렵부터 울릉도 주민들은 독도를 돌섬의 사투리인 '독섬'이라고 부르기 시작하였다. 1938년에 간행된 《조선어사전》은 '독'을 '돌石의 사투리'라고 풀이하고 있다. 석도石島가 돌섬의 한자 표현임을 알 수 있다.

'량코도' 편입 청원과 시마네 현 편입 선언

일본은 1904년 러시아와 전쟁을 벌였다. 러일전쟁을 통해 울릉도와 독도의 지정학적 가치가 더욱 뚜렷해졌다. 이 무렵 독도의 강치잡이를 독점하려던 나가이 요자부로라는 일본인이 '량코도(독도) 편입 청원'을 일본 정부에 제출하게 된다. 시마네 현 현립도서관에서 발견된 문서에 의하면 당시 나가이 요자부로는 독도를 조선 영

토라고 생각해 조선 정부에 임대신청서를 낼 예정이었다고 한다. 그
를 부추겨 영토 편입 청원서를 내게 한 것은 일본 해군성과 농상무
성 등의 관리들이었다.

청원서를 심사한 일본 각의는 1905년 1월 28일 독도에 다케시
마竹島라는 이름을 붙여 시마네 현 편입을 선언하였다. 그 근거는 '다
른 나라가 점유했다고 인정할 형적이 없'는데다, '1903년부터 나가
이 요자부로란 일본인이 이 섬에서 어업에 종사하였기에 국제법상
점령의 사실이 있는 것이라고 인정'된다는 것이었다. 시마네 현은 내
각회의 결정을 근거로 독도를 시마네 현 소속으로 한다는 고시(시마
네 현 고시 제40호)를 발하였다. 그런데 이 시마네 현 고시는 원본이
존재하지 않는다. 일각에서는 이를 근거로 고시 절차가 완료되지
못한 것이라는 주장이 대두하기도 한다.

일본 내각회의의 결정문은 '무주지無主地 선점론'에 입각해 있다.
이는 각의 결정과 시마네 현 고시를 통해 '독도 영유 의사를 재확
인'하였다는 일본 외무성의 주장과는 거리가 멀다. 일본측 주장의
논리가 얼마나 빈약한가를 드러내는 대목이다. 독도가 조선 땅임은
1877년의 태정관지령을 통해 일본 스스로 분명히 했기 때문에 재
론할 필요조차 없다. 그래서 당시에 들고 나온 논리가 독도 무주지
론이었다. 독도를 주인 없는 땅으로 만들기 위해 그들은 자신들이
익숙하게 써 오던 마쓰시마라는 이름마저 버리고, 마치 존재를 몰
랐던 섬인 양 천연덕스럽게 '량코도'(1849년 프랑스 포경선 리앙쿠르
호가 붙인 독도의 이름 '리앙쿠르'의 일본식 표기)라는 이름을 거명하였
다. 독도(마쓰시마)를 량코도로 바꿔 부른다고 멀쩡히 조선 땅이었

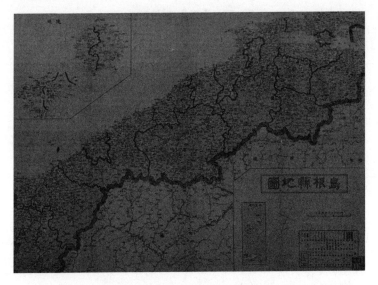

1946년에 발간된 〈일본신분현新分縣지도〉의 시마네 현 지도. 일제강점기 때 독도를 영내
표기하던 것과 달리 패전후 발행한 지도에서 독도를 제외한 것은 독도가 한국 영토임을
인정한 것으로 이해된다.

던 독도가 무주지로 바뀌는 것은 아니다. 하나같이 일본의 제국주
의적 야욕을 보여줄 뿐이다.

일본이 독도를 편입했다는 사실이 대한제국에 알려진 것은 1906년
3월이었다. 강원도관찰사로부터 이 같은 사실을 보고받은 대한제국
정부는 독도가 일본 영토라는 주장은 전혀 근거가 없으니, 섬의 형편
과 일본인의 행동을 살펴 보고하도록 하였다. 일본에 항의하기 위해
작성한 항의문서는 을사늑약으로 외교권을 박탈당한 뒤라서 일본측
에 전달되지 못하였다. 《대한매일신보》를 비롯한 당시의 주요 신문은
정부를 대신해 일본의 독도 점유사실을 보도하며 항의하였다.

독도의 주권을 회복하다

우리나라는 1945년에 일본의 식민지에서 독립하였다. 패전한 일본은 그들이 점령한 모든 땅을 내놓아야 하였다. 우리는 독도에 대한 주권을 회복하였다.

독도는 제국주의와 상관없다는 게 일본의 입장이었다. 한일병합 전에 무주지를 평화적으로 선점하였다는 주장이다. 하지만 1946년 1월에 발효된 연합국 최고사령부 지령은 울릉도, 리앙쿠르 암(독도), 제주도를 적시해 일본 영토에서 제외하였다. 같은 해 6월에는 연합국 최고사령관 명의의 각서를 발표해 일본 선박이 독도 주변 12해리 이내에 접근하는 것을 금지하였다. 1950년에 연합국이 샌프란시스코 강화조약을 위해 마련한 '옛 일본 영토 처리에 관한 합의서'에도 일본이 대한민국에 넘겨줘야 하는 섬에 독도가 포함되어 있다. 일본이 반환해야 할 영토의 기준시점을 일본이 침략전쟁을 시작한 1894년 청일전쟁으로 본다는 연합국 사이의 공감대가 있었기 때문이다.

일본의 패전후 독도는 미군정청과 남조선과도정부를 거쳐 대한민국 정부가 관할하였다. 1947년 8월 남조선과도정부는 울릉도와 독도 조사 활동을 벌이고, 독도에 우리 영토임을 표시하는 표목을 설치하였다. 1948년 6월 미군의 독도 폭격으로 우리 어민이 사망하는 사건이 발생하였다. 이 사건은 제헌국회에서 논의되고, 신문지상에 '우리 땅 독도에서 어부들이 폭격당했다'고 크게 보도되었다. 대한민국 정부 수립 이전부터 자연스레 독도를 우리 땅으로 인식하였던 것이다.

반면 일본은 갈짓자 걸음을 한 게 드러난다. 옛 조선총독부가 소유하였던 재산을 정리하기 위한 법령을 제정하면서, 일본은 울릉도, 독도, 제주도를 일본 땅에서 제외한다고 규정하였다(총리부령 24호). 대장성령 4호 역시 울릉도, 독도, 제주도를 해당 법령이 미치는 부속도서에서 제외되는 섬으로 명시하였다. 샌프란시스코 강화조약을 비준하기 위해 해상보안청 수로부가 작성해 일본 국회에 제출한 지도(《일본영역참고도》)에도 독도는 명백히 한국 땅으로 표시되어 있다. 1951년의 샌프란시스코 강화조약 당시 독도의 영유권이 한국에 있음을 일본 정부가 인정한 결정적 증거라 할 수 있다.

샌프란시스코 강화조약을 통해 일본은 연합군 최고사령부에 의한 군정체제에서 벗어나 국권을 회복하게 되었다. 2조의 영토 조항에는 일본이 불법점거하였던 한반도와 대만 등에 관한 모든 권리를 포기한다고 되어 있다. 우리 영토와 관련해 논란이 되는 것은 조약 문안 속의 '제주도, 거문도 및 울릉도를 비롯한 한국에 대한 일체의 권리와 소유권'이라는 문구의 해석 문제이다. 오늘날 일본은 조약문에 독도가 명시되어 있지 않다는 이유로 독도가 '일본령으로 인식'된 것이라고 주장한다. 우리 정부의 해석은 한반도와 3천 개가 넘는 부속도서를 포함한 '일체의' 권리를 회복하였다는 것이다. 일본의 주장처럼 독도가 일본령으로 확정되었다고 인정하는 연합국 대표는 당시에 아무도 없었다.

독도 이름이 명시되지 않아 해석의 여지를 남긴 것은 아쉬운 일이다. 당시 일본 외무성은 독도에 관한 역사적 사실을 호도하는 자료집을 만들어 연합국을 상대로 대대적인 홍보전을 전개하였다. 특히 연합군 최고사령부와 미 국무부가 집중 타깃이었다. 한때 왜곡된 정보에 흔들렸던 미국 정부는 불개입 입장을 표명하였다. 다른 연합국들과 달리 미국이 중심을 잃었던 것은 한국전쟁 때문이었다. 미국은 소련과 중국의 반대를 무릅쓰고 샌프란시스코 강화조약을 밀어붙였고, 그것은 일본을 반공진영에 편입시키기 위해서였다.

1952년 1월 대한민국 정부는 '인접 해양에 대한 주권에 관한 선언'을 발표하였다. 이로써 흔히 평화선이라고 알려진 해양주권선이 그어지게 되었다. 일본 정부는 독도가 평화선 안에 들어 있다 하여 항의를 제기하였다. 평화선은 독도를 한국 영토로 편입하기 위한 것이 아니었다. 역사적으로 독도가 우리 땅임에 의문의 여지가 없기 때문이다. 하지만 평화선을 통해 독도의 영유권을 다시 한 번 분명히 할 수 있었다.

독도는 일본에 강제침탈되었다가 주권이 회복된 땅이다. 주권을 되찾은 이래 독도에 대한 우리의 실효지배는 흔들림 없이 이어져오고 있다. 독도는 역사적으로도 국제법적으로도 정당한 대한민국의 영토다.

참고문헌

고봉준 외, 《동아시아 영토문제와 독도》, 동북아역사재단, 2013.

김호동, 《동해와 독도》, 지성인, 2018.

신용하, 《독도의 민족영토사 연구》, 지식산업사, 1996.

이상균, 《이방인이 바라본 우리땅 독도》, 동북아역사재단, 2018.

호사카 유지, 세종대 독도종합연구소, 《대한민국 독도: 일본 논리의 종언》,
　책문, 2019.

노 다니엘, 《독도밀약》(김철훈 옮김), 한울, 2011.

오오니시 토시테루, 《오오니시 토시테루의 독도개관》(권정 옮김), 인문사, 2011.

日本外務省, 〈竹島:竹島問題を理解するための十のポイント〉, 2008.

참고문헌

강덕상 지음, 《학살의 기억, 관동대지진》(김동수·박수철 옮김), 역사비평사, 2005.

강재언, 《조선통신사의 일본견문록》, 한길사, 2005.

강항, 《간양록》(김찬순 옮김), 보리, 2006.

고봉준 외, 《동아시아 영토문제와 독도》, 동북아역사재단, 2013.

국립진주박물관, 《임진왜란 조선인 포로의 기억: 2010 국제교류전》, 2010.

국사편찬위원회, 《한국사》 22, 1995.

김경임, 《약탈 문화재의 세계사》 2, 홍익출판사, 2017.

김기섭, 〈14세기 왜구의 동향과 고려의 대응〉, 《한국민족문화》 9, 1997.

김문길, 《임진왜란은 문화전쟁이다》, 혜안, 1995.

김문자, 《명성황후 시해와 일본인》(김승일 옮김), 태학사, 2011.

김부식, 《삼국사기》 상·하(이병도 옮김), 을유문화사, 1996.

김삼웅, 《을사늑약 1905, 그 끝나지 않은 백년》, 시대의창, 2005.

김상기, 한국독립운동사연구소(기획), 《한말 의병운동》, 선인, 2016.

김석형, 《고대한일관계사》, 한마당, 1988.

김용구, 《세계관 충돌과 한말외교사, 1866~1882》, 문학과지성사, 2001.

김의환, 《전봉준전기》, 정음사, 1974.

김재엽, 《100년전 한국사: 개항에서 한일합방까지》, 살림, 2006.

김진봉, 《삼일운동》, 민족문화협회, 1980.

김현구, 《임나일본부설은 허구인가》, 창작과비평사, 2010.

김호동, 《동해와 독도》, 지성인, 2018.

나종우, 〈조선초기의 대왜구정책〉, 《중재장충식박사화갑기념논총》 역사편, 1992.

노성환, 〈교토의 귀무덤에 대한 일고찰〉, 동북아시아문화학회, 《동북아문화연구》 18, 2009.

노성환, 《임란포로, 끌려간 사람들의 이야기》, 박문사, 2015.

도시환, 〈을사조약의 국제법적 문제점에 대한 재조명〉, 《국제법학회논총》 60권 4호, 2015.

독립운동사편찬위원회, 《독립운동사》 1, 1970.

독립운동사편찬위원회,《독립운동사》2, 1971.

독립운동사편찬위원회,《독립운동사》3, 1971.

독립운동사편찬위원회,《독립운동사》5, 1973.

독립운동사편찬위원회,《독립운동사》8, 1976.

박경식,《일본제국주의의 조선지배》, 청하, 1986.

박은식,《한국독립운동지혈사》(김도형 옮김), 소명출판, 2008.

박찬승,《한국독립운동사》, 역사비평, 2014.

박천수,《신라와 일본》, 진인진, 2016.

삼일독립운동100주년기념사업회,《새로 쓰는 3.1혁명 100년사》, 한국신문기자클럽, 2019.

서영교,《신라인 이야기》, 살림, 2009.

손승철,《조선시대 한일관계사 연구》, 경인문화사, 2006.

손홍렬,〈고려말기의 왜구〉,《사학지》9, 1975.

신국주,《근대조선외교사》, 탐구당, 1965.

신용하,《독도의 민족영토사 연구》, 지식산업사, 1996.

연민수,〈5세기 이전 신라의 대왜관계〉,《고대한일관계사》, 혜안, 1988.

유재춘,〈임란후 한일국교 재개와 국서개작에 관한 연구〉,《강원사학》2, 1986.

윤진헌 편저,《한국독립운동사》상·하, 한국학술정보, 2008.

이강래,〈삼국사기의 왜 인식〉,《한국사상사학》22, 2004.

이기용,《정한론 아베, 일본 우경화의 뿌리》, 살림, 2015.

이미숙,《400년 전의 도자기 전쟁: 임진왜란과 조선사기장》, 명경사, 2013.

이민원,《명성황후시해와 아관파천》, 국학자료원, 2002

이상균,《이방인이 바라본 우리땅 독도》, 동북아역사재단, 2018.

이영,〈동아시아 국제질서의 변동과 왜구〉,《한일관계사연구》36, 2010.

이재범,〈삼포왜란의 역사적 성격에 대한 재검토〉,《한일관계사연구》6, 1996.

이진희,《한국 속의 일본》, 동화출판공사, 1986.

이진희,《한국과 일본문화》, 을유문화사, 1982.

이태진, 와다 하루키 외 공편,《한일 역사문제의 핵심을 어떻게 풀 것인가》,

지식산업사, 2013.

이현종, 《조선전기대일교섭사연구》, 한국연구원, 1964.

이현희, 《정한론의 배경과 영향》, 한국학술정보, 2006.

이홍직, 〈임진왜란과 고전유실〉, 《한국고문화논고》, 1954.

정규홍, 《우리 문화재 반출사》, 학연문화사, 2012.

정두희 외, 《임진왜란 동아시아 삼국전쟁》, 휴머니스트, 2007.

조동걸, 〈1920년 간도참변의 실상〉, 《역사비평》, 1998. 11.

조동일, 《한국문학통사》 5, 지식산업사, 1988.

차문섭, 《조선시대 군사관계연구》, 단국대학교출판부, 1996.

최동희, 《동학의 사상과 운동》, 성균관대학교출판부, 1980.

최문형, 《명성황후 시해사건》, 민음사, 1992.

한국정신대문제대책협의회, 《일본군 위안부 문제의 책임을 묻는다》, 풀빛, 2001.

한글학회, 《한글학회50년사》, 1971.

한명근, 《한말한일합방론연구》, 국학자료원, 2002.

한명기, 《임진왜란과 한중관계》, 역사비평사, 1999.

한석희, 《일제의 종교침략사》(김승태 옮김), 기독교문사, 1990.

한영우, 《명성황후, 제국을 일으키다》, 효형출판, 2001.

한우근, 《동학과 농민봉기》, 일조각, 1983.

한일문제연구원, 《빼앗긴 조국 끌려간 사람들》, 아세아문화사, 1995.

호사카 유지, 세종대 독도종합연구소, 《대한민국 독도: 일본 논리의 종언》, 책문, 2019.

황정덕 외, 《임진왜란과 히라도 미카와치 사기장》, 동북아역사재단, 2010.

F.A. 맥켄지, 《대한제국의 비극》(신복룡 옮김), 평민사, 1985.

구로사와 아키라, 《감독의 길》(오세필 옮김), 민음사, 1994.

구로카미 슈텐도, 《일본 도자기의 신, 사기장 이삼평》(김창복 외 옮김), 지식과감성, 2015.

기타지마 만지, 《도요토미 히데요시의 조선 침략》(김유성 옮김), 경인문화사, 2008.

노 다니엘, 《독도밀약》(김철훈 옮김), 한울, 2011.

다나카 마사타카, 〈간토 대지진과 지바에서의 조선인 학살의 추이〉,

《한국독립운동사연구》47, 2014.

도노무라 마사루,《조선인 강제연행》(김철 옮김), 뿌리와이파리, 2018.

루이스 프로이스,《임진난의 기록: 루이스 프로이스가 본 임진왜란》(양윤선 옮김),
　살림, 2008.

모리타 요시오 외,《한반도에서 쫓겨가는 일본인》상(엄호건 편역),
　케이제이아이출판국, 1995.

무라타 기요코,《백년가약》(이길진 옮김), 솔, 2007.

미야케 히데토시,《조선통신사와 일본》(김세민 옮김), 지성의샘, 1996.

미야타 세쓰코,《식민통치의 허상과 실상》(정재정 옮김), 혜안, 2002.

사토 데스타로 외,《이순신 홀로 조선을 지키다》(김해경 옮김), 가갸날, 2019.

야마다 히데오,《일본서기입문》(이근우 옮김), 민족문화사, 1988.

오노 야스마로,《고사기》(강용자 옮김), 지식을만드는지식, 2012.

오오니시 토시테루,《오오니시 토시테루의 독도개관》(권정 옮김), 인문사, 2011.

요시미 요시아키,《일본군 위안부 그 역사의 진실》(남상구 옮김), 역사공간, 2013.

田代和生,《近世韓日外交秘史》(손승철 외 옮김), 강원대학교출판부, 1988.

피터 두으스,《일본근대사》(김용덕 옮김), 지식산업사, 1983.

加藤直樹,《九月, 東京の路上で》, ころから, 2014.

角田房子,《閔妃暗殺》, 新潮社, 1988.

姜在彦,《朝鮮近代史研究》, 日本評論社, 1970.

姜在彦,《玄界灘に架けた歷史》, 朝日新聞社, 1993.

高崎宗司,《妄言の原形:日本人の朝鮮觀》, 木犀社, 1990.

宮田節子,《創氏改名》, 明石書店, 1992.

舘野晳 編著,《韓國·朝鮮と向き合った36人の日本人》, 明石書店, 2002.

大石武,《元寇倭寇そして賀茂事件》, 1993.

末松保和,《任那興亡史》, 大八洲出版, 1949.

名越二荒之助 編著,《日韓2000年の真実》, ジュピタ-出版, 1999.

武光誠,《古代史大逆転》, PHP, 2002.

福田千鶴,《御家騒動:大名家を揺るがした権力闘争》, 中央公論新社, 2005.

司馬遼太郎,《故郷忘じがたく候》, 文藝春秋, 1968.

山辺健太郎,《日本の韓国併合》, 太平出版社, 1966.

山辺健太郎,《日本統治下の朝鮮》, 岩波書店, 1971.

山辺健太郎,《日韓併合小史》, 岩波書店, 1966.

森川哲郎,《朝鮮獨立運動暗殺史》, 三一書房, 1976.

上垣外憲一,《日本文化交流小史》, 中央公論新社, 2000.

水野祐,《大和王朝成立の秘密》, ベストセラーズ, 1992.

遠山美都男,《白村江》, 講談社, 1997.

伊藤亜人 外,《朝鮮を知る事典》, 平凡社, 1986.

日本外務省,〈竹島:竹島問題を理解するための十のポイント〉, 2008.

田辺貞之助,《江東昔ばなし》, 菁柿堂, 1984.

前田朗,《慰安婦問題・日韓合意を考える》, 彩流社, 2016.

朝鮮駐箚軍司令部 編纂,《朝鮮暴徒討伐誌》, 朝鮮總督官房總務局, 1913.

竹内康人,〈三菱財閥による強制連行・戦時労働奴隷制について〉, 2004.

仲尾宏,《朝鮮通信使の足跡:日朝関係史論》, 明石書店, 2011.

參謀本部 編,《日本戰史・朝鮮役》, 偕行社, 1924.

村上恒夫,《姜沆:儒教を伝えた虜囚の足跡》, 明石書店, 1999.

村松梢風,《朝鮮王妃秘話》, 比良書房, 1950.

片岡弥吉,《長崎の殉教者》, 角川書店, 1970.

이미지 출처

14쪽 위키피디아

17쪽 ⓒSaigen Jiro(일본위키).

　도쿄국립박물관 소장

21쪽(위) ⓒ東京美術学校(일본위키)

21쪽(아래) ⓒぱちょぴ(일본 위키)

22쪽 일본화폐박물관 소장(일본위키)

23쪽 일본위키

29쪽 국립중앙박물관 소장

33쪽 ⓒ손묵광(위키피디아)

34쪽 ⓒそらみみ(일본위키)

39쪽 도쿄대학교 사료편찬소 소장

40쪽 네덜란드 레이크스 미술관(wikipedia)

43쪽 ⓒ周世隆). 중국역사박물관 소장

46쪽 《抗倭圖卷》. 중국국가박물관 소장

50쪽 일본 국립공문서관(일본위키)

52쪽 《해동제국기》

54쪽 《해동제국기》

56쪽 위키피디아

59쪽 ⓒ변박(위키피디아)

62쪽 ⓒ月岡芳年(일본위키)

63쪽 위키피디아

66쪽 윤원영 소장(나무위키)

68쪽 국립중앙박물관 소장

74쪽 나무위키

76쪽(위) 후쿠오카시립박물관(위키피디아)

76쪽(아래) 〈정왜기공도〉

83쪽 ⓒPeter Paul Rubens.

　Paul Getty Museum 소장

85쪽 일본위키

89쪽 일본위키

94쪽 ⓒKENPEI(일본위키)

97쪽 《조선정벌기》

98쪽 《都林泉名勝図会》

103쪽 《朝鮮人來朝物語》

106쪽 일본위키

110쪽 ⓒ안견. 덴리 대학

　중앙도서관 소장(위키피디아)

111쪽 문화재청

118쪽(위) 수관도원

118쪽(아래) ⓒSTA3816(일본위키)

122쪽 ⓒそらみみ(일본위키)

124쪽 ⓒAkiyoshi's Room(wikipedia)

129쪽 국가문화유산포털

130쪽 林原美術館 소장(일본위키)

138쪽 《해동제국기》

141쪽 〈조선통신사행렬도〉

142쪽 국립중앙박물관 소장

144쪽 神戸市立博物館 소장(일본위키)

151쪽 위키피디아

152쪽 위키피디아

154쪽 ⓒMASA(일본위키)

161쪽 일본위키

163쪽 일본위키

164쪽 wikipedia

169쪽 *JapanPunch* 1894.9.29(일본위키)

172쪽(위) *Scientific American*

　1869.12.4(wikipedia)

172쪽(아래) 《幕末·明治の写真》(일본위키)

177쪽 《風俗畵報》1895.1.25(위키피디아)

179쪽 위키피디아

181쪽 *Le Journal illustre* 1895.10.8(위키피디아)

183쪽 독립기념관자료관(위키피디아)

190쪽 Willard Dickerman Straight and
Early U.S.-Korea Diplomatic Relations,
Cornell University Library(위키피디아)

191쪽 《帝國画報》(일본위키)

192쪽 《신한민보》 1913.8.29

195쪽 《대한매일신보》 1907.1.16(나무위키)

201쪽 *The Passing of Korea*(wikipedia)

202쪽 독립기념관

205쪽 *Le Petit Journal* 1907.8.4(위키피디아)

207쪽 ⓒF.A. McKenzie(*Tragedy of Korea*)

212쪽 *La Tribuna illustrata* 1909.11.7

215쪽 위키피디아

222쪽 《日出新聞》 1911.1.1

225쪽 *Red Cross Pamphlet on
March 1st Movement.*
East Asian Library, University of
Southern California 소장(위키피디아)

229쪽 *L'Indépendance
de la Corée et la Paix*(위키피디아)

232쪽 국사편찬위원회(나무위키)

234쪽 *L'Indépendance
de la Corée et la Paix*(위키피디아)

238쪽 독립기념관 소장

240쪽 독립기념관 소장

250쪽 ⓒ河目悌二

253쪽 辛基秀,
《映像が語る日韓併合史 1875年-1945年》;
姜昭, 《関東大震災朝鮮人虐殺-写真報告》

254쪽 위키피디아

257쪽 朝日新聞社,
《朝日歷史写真ライブラリ 戦争と庶民1940-49》)
第2卷 (위키피디아)

260쪽 위키피디아

262쪽 위키피디아

264쪽 위키피디아

268쪽 朝日新聞社,
《朝日歷史写真ライブラリ 戦争と庶民1940-49》)
第2卷(위키피디아)

272쪽 독립기념관 소장

274쪽 https://www.flickr.com/photos/
kntrty/3720075234(위키피디아)

277쪽 ⓒ福井静夫(일본위키)

281쪽 防衛庁防衛研究所 소장(위키피디아)

282쪽 辛基秀,
《映像が語る日韓併合史 1875年-1945年》;
毎日新聞社, 《一億人の昭和史》(위키피디아)

285쪽 U.S. National Archives(위키피디아)

288쪽 朝日新聞社, 《戦ふ朝鮮 写真報道》(일본위키)

295쪽 ⓒ정상기. 〈동국지도〉(나무위키)

296쪽 〈三國接壤之圖〉

301쪽 太政官指令(일본국회도서관)

305쪽 〈日本新分縣地圖〉

찾아보기